法令実務基礎講座

外山秀行 著
Toyama Hideyuki

同文舘出版

はじめに

　本書は，法令実務をわかりやすく解説しようという試みから生まれたものである。

　その端緒は，4年ほど前に遡る。当時，私は，長年にわたる内閣法制局での法令審査の仕事を終えて約半年が過ぎたところであった。この仕事は，各省庁が閣議にかけるために作成した法案や政令案が正しく書けているかどうかを隅々まで点検し，内容や表記の点で何らかの問題があれば指摘して修正するというものであった。これは，地道で根気の要る仕事であると同時に，誤りなき立法を支えるという使命と責任を感ずる仕事でもあった。という次第で，当時は，いわば肩の荷が降りてほっとしていたのであるが，私がそのような仕事をしてきたということが学生時代からの友人を介して東京大学公共政策大学院の幹部教授のお耳に入り，お誘いを頂いた結果，同大学院で法令実務に関する講座を開設することとなった。

　この講座の受講生は，大半が，中央省庁，自治体といった官公庁や民間のシンクタンクなどへの就職を志す院生であり，自分達が卒業後，法令の解釈・運用や立案，あるいは，法規の作成に関する助言といった仕事に携わることを予期しているため，法令実務の基礎を身につけておこうという意欲が旺盛である。私は，このような受講生のニーズを予見し，講座の目的を「法令実務の全般に必要となる基礎的な事項を体系的に習得すること」とした。この講座は現在も続いており，幸いにして，四ヶ月に及ぶ学期を通じ，全員が真剣な眼差しで聴講してくれている。

　本書は，この講座で説明している内容をベースに，執筆したものである。執筆を始めたきっかけは，2年ほど前に，私の長年来の知人で，さる高名な大学の大学院教授として現に活躍され，専門書籍を執筆した経験のある先生から，勧められたことにある。その折に，御自身の経験などを交えた温かい励ましの言葉を頂き，意気に感じて執筆を決意したことは記憶に新しい。

本書はこのような経緯で誕生したものであり、執筆のベースとなった講座の目的を反映し、法令実務の全般をカバーすべく、「第Ⅰ編　基礎知識」、「第Ⅱ編　法令解釈」、「第Ⅲ編　立法技術」、「第Ⅳ編　立法過程」という4つの編で構成している。中心となるのは、「第Ⅱ編　法令解釈」と「第Ⅲ編　立法技術」であり、それぞれ、解釈と立案に関する心構えと様々な技法やルールについて、実例を示しながら解説している。若干くだけた言い方をすれば、前者が"法令の読み方"を、後者が"法令の書き方"を、解説したものということになる。冒頭の「第Ⅰ編　基礎知識」では、解釈や立案に当たってこれだけは知っておく必要があると思われる事柄を紹介し、最後の「第Ⅳ編　立法過程」では、法律が実際に制定される仕組みやプロセスを、近年の立法事例とともに解説している。

　このように、本書は、全体として、解釈、立案、立法過程という3つの柱を立て、そのすべてについて、法令実務に必要となる基礎的な事項を体系的に、かつ、わかりやすく解説することを主眼としているが、解説した各事項については、読者それぞれの関心やニーズに応じて、どれを切り取って読んでも参考になると思われるようなものを取り上げた。主なものを各編別に紹介すると、次のとおりである。

「第Ⅰ編　基礎知識」
　　○　法令というのは、一体どこにどのような形で存在するのか
　　○　法令にはどのような種類があって、それぞれがどのような関係にあるのか
　　○　法令はどのような条文から構成されているのか
　　○　法体系とは何か。それはいかなる理由で重要なのか

「第Ⅱ編　法令解釈」
　　○　そもそも法令の解釈とは何か
　　○　法令の解釈は、どのような人がどのような場面で行っているのか
　　○　法令の解釈にはどのような手法があり、それらを使い分ける基準は何か
　　○　解釈変更に対し、政府や裁判所はどのような姿勢や制度で臨んでいるのか

「第Ⅲ編　立法技術」
- ○　法令を立案する際に一般的に留意すべき事柄は何か
- ○　法律にはどのような形式があり，それを選択する基準は何か
- ○　本則と附則には，どのような条文をどのような順番で配列すればよいのか
- ○　条文の細部（項，号）や引用などは，どのように表現すればよいのか
- ○　改正法の「改め文」は，どのように書けばよいのか
- ○　各種の法令用語には，どのような意味と用法があるのか

「第Ⅳ編　立法過程」
- ○　法案は，どのような主体や手続により，提出されるのか
- ○　法案は，国会でどのような審議過程を経て，成立するのか
- ○　政府内での法案の立案は，実際にどのようなプロセスで行われるのか
- ○　「ねじれ期」の立法事情は，どのようなものであったか

　本書は，以上のような事柄を記述したものであり，少しでも多くの方の参考になれば誠に幸いである。なお，本書の記述の大宗は基本的な知識や技法の解説であり，見解にわたる部分はわずかであるが，これはすべて私個人の見解であることを念のために付言しておきたい。

　最後に，本書の執筆・出版に至る過程では，先に述べた友人，知人のほか，内閣法制局の先輩や東京大学公共政策大学院の幹部教授をはじめとする多数の方から温かい励ましのお言葉と御支援を頂戴した。とりわけ，本書の出版は，同文舘出版株式会社の青柳裕之氏の多大な御尽力によって実現したものである。お世話になった方々に，心から感謝の意を表したい。

2017年2月

外山　秀行

目 次

第Ⅰ編　基礎知識

1 法令の特定 ··· 003

1. 総　説　003
2. 題　名　003
3. 法令番号　004

2 法令の所在 ··· 006

1. 法令の形態　006
2. 制定法令の所在　008
3. 現行法令の所在　008

3 法令の種類 ··· 010

1. 国の法令　010
   (1) 憲　法　010
   (2) 法　律　011
   (3) 命　令　013
   (4) その他　015
2. 地方公共団体の法令　015
   (1) 条　例　016
   (2) 地方公共団体の長が定める規則　016
   (3) その他　017

4 法令の体系 ... 018

1. 総説　018
2. 憲法と法律　018
3. 法律と命令　021
4. 法令と条例　021

5 法令の構造 ... 024

1. 法体系における位置づけ　024
   (1) 垂直関係の構造問題　024
   (2) 水平関係の構造問題　025
2. 適用法令の調整原理　025
3. 法令の全体構成　026
4. 条文の全体構成　027

6 法令の効力 ... 029

1. 時期　029
   (1) 効力の始期　029
   (2) 効力の終期　029
   (3) 施行の停止　030
2. 場所　030
3. 対象者　032

第II編　法令解釈

1 法令解釈の意義 ———— 036

1. 総　説　036
2. 法令解釈の担い手　037
   - (1) 立法関係者　037
   - (2) 一般私人　037
   - (3) 行政機関　038
   - (4) 裁判所　039

2 法令解釈の手法 ———— 041

1. 総　説　041
2. 法規的解釈　042
3. 文理解釈　042
4. 論理解釈の意義　045
5. 論理解釈の手法　046
   - (1) 拡張解釈　046
   - (2) 縮小解釈　048
   - (3) 変更解釈　049
   - (4) 反対解釈　050
   - (5) 類推解釈　051
   - (6) もちろん解釈　052

3 法令解釈に当たって考慮すべき事項 ———— 054

4 解釈変更の在り方と事例 ... 055

1. 政　府　055
2. 裁判所　056

5 最高裁判例にみる合憲性の審査基準 ... 059

1. 経済的自由　059
2. 精神的自由　062
3. 法の下の平等　065

第Ⅲ編　立法技術

1 総　説 ... 071

1. 法令立案上の留意点　071
   (1) 内容の妥当性　071
   (2) 表記の的確性　072
   (3) 調整手続の履行　073
2. 法令案作成の手順　073
3. 法形式の選択　075
4. 特殊な法形式　076
5. 法令の構成に関する原則　078

2 題　名 ... 080

1. 題名の付け方　080
   (1) 新法の場合　081
   (2) 一部改正法の場合　081
   (3) 廃止法の場合　081

        (4) 全部改正法の場合　081
　2．題名と件名　082

3 制定文 ……………………………………………………………… 084

4 目　次 ……………………………………………………………… 086

5 本　則 ……………………………………………………………… 088

　1．総　説　088
　2．前　文　089
　3．総則的な規定　090
　　(1) 目的規定　090
　　(2) 定義規定　092
　　(3) その他の規定　095
　4．実体的な規定　097
　5．雑則的な規定　098
　6．罰　則　099
　　(1) 総　説　099
　　(2) 自然犯と行政犯　100
　　(3) 制限規定と罰則との関係　101
　　(4) 両罰規定　102
　　(5) 罰則規定の配列順　104
　　(6) 法律以外の法令における罰則　106

6 附　則 ……………………………………………………………… 109

　1．総　説　109
　　(1) 附則の規定事項　109
　　(2) 整備法・施行法　109

- 2. 施行期日　111
- 3. 適用関係　115
- 4. 関係法律の廃止　116
- 5. 法律の終期　119
- 6. 経過措置　120
  - (1) 既得の権利・地位に配慮した経過措置　121
  - (2) 旧法下で行われた処分等に関する経過措置　122
  - (3) 特定措置の存続に関する経過措置　123
  - (4) 新しい組織の設立に関する経過措置　125
- 7. 検討条項　126

7 条項の構造等　128

- 1. 条項の構成単位　128
  - (1) 条項号の意義　129
  - (2) 条の見出し　130
  - (3) 項の特徴　130
  - (4) 条項中の複数の文章　131
  - (5) 号中の表記　132
- 2. 条項の相互関係　133
  - (1) 引用　134
  - (2) 準用と読替え　136
  - (3) 読替え適用　138
- 3. 表，別表等　139
  - (1) 表と別表　139
  - (2) その他　142

8 一部改正方式　143

- 1. 一部改正法令の一般的事項　143

(1)　一部改正法令の本則　143
　　　(2)　一部改正法令の附則　143
　　　(3)　法案一括化の基準　143
　　　(4)　一部改正法令の題名　144
　　　(5)　二段ロケット方式　145
　2．一部改正方式の概要　146
　　　(1)　改正方式の基本原則　146
　　　(2)　枝番号　148
　　　(3)　削除表記　149
　3．題名の改正　150
　　　(1)　題名を改める場合　150
　　　(2)　題名を付与する場合　150
　4．目次の改正　150
　　　(1)　章，節等の変更に伴って目次を改正する場合　150
　　　(2)　章，節等の追加に伴って目次を改正する場合　150
　　　(3)　章，節等の削除に伴って目次を改正する場合　151
　　　(4)　目次を全部改正する場合　152
　　　(5)　目次を新設する場合　152
　5．章節等の改正　153
　　　(1)　章名等を改正する場合　153
　　　(2)　章等の全部を改める場合　153
　　　(3)　章等を追加する場合　153
　　　(4)　章等を削除する場合　154
　　　(5)　章の中に節等の区分を新設する場合　155
　　　(6)　章等の区分を新設する場合　155
　6．見出しの改正　156
　　　(1)　一般的な改正方法　156
　　　(2)　特記事項　156

7. 条項号の改正　157
   (1) 条項号中の字句の改正　157
   (2) 条項号の全部改正　160
   (3) 条項号の追加　160
   (4) 条項号の削除　163
8. 表の改正　164
   (1) 表中の字句の改正　164
   (2) 表中の項の全部改正　164
   (3) 表中の項の追加　164
   (4) 表中の項の削除　165
   (5) 表の全部改正　165
   (6) 表の新設　165
   (7) 表の削除　166

9 用　字　167

1. 漢字使用　167
   (1) 副詞の表記　167
   (2) 接続詞の表記　167
   (3) 新規の漢字使用　167
   (4) 専門用語に関する特例　168
   (5) 熟語の一部が常用漢字でない場合の取扱い　168
2. 送り仮名　168
   (1) 活用のある語　168
   (2) 活用のない語　169
   (3) 複合の語　169
3. 拗音と促音　169
4. 句読点　170
   (1) 句　点　170

(2) 読点　170
5. 外来語等　171
6. 数字　172
7. 記号　172
    (1) かぎ括弧　172
    (2) まる括弧　172
    (3) 中黒　174
    (4) 縦棒　174

10 用　語　175

1. 接続詞　175
    (1) 又は　若しくは　175
    (2) 及び　並びに　177
2. 文末の語句　179
    (1) とする　ものとする　179
    (2) するものとする　しなければならない　180
    (3) してはならない　することができない　181
    (4) することができる　183
    (5) 同様とする　183
    (6) 例による　184
    (7) 例とする　常例とする　184
    (8) 推定する　みなす　185
    (9) この限りでない　妨げない　186
3. その他　187
    (1) 場合　とき　時　187
    (2) 者　物　もの　189
    (3) その他　その他の　191
    (4) 直ちに　速やかに　遅滞なく　191

(5)　以上　超える　以下　未満（満たない）　192
　(6)　以前　前　以後　後　以降　192
　(7)　同　193
　(8)　当該　193
　(9)　準ずる　194
　(10)　に係る　195
　(11)　等　196
　(12)　当分の間　197

第Ⅳ編　立法過程

1 立法過程の概観 ……………………………………………………… 200

1. 法案提出前の過程　200
　(1)　内閣提出法案の場合　200
　(2)　議員提出法案の場合　202
2. 法案提出後の過程　203
　(1)　法案審議の制度的枠組み　203
　(2)　法案審議のプロセス　207

2 閣法の立案過程 ……………………………………………………… 213

1. 立案の契機　213
2. 立案の時期と手続　215
3. 内閣法制局審査　217
　(1)　内閣法制局の組織　217
　(2)　審査事務の概要　218

3 近年の立法事例 …… 220

1. ねじれ期における内閣提出法案　220
2. 東日本大震災への対応　224
3. 社会保障・税の一体改革　227

索　引　231

法令実務基礎講座

第 I 編
基礎知識

はじめに

　法令実務というのは，法令の解釈及び立案，すなわち「条文の読み書き」をする仕事である。条文の読み書きには法令に特有のさまざまな技法があり，「Ⅱ　法令解釈」と「Ⅲ　立法技術」において詳細を述べていくが，解釈と立案を適切に行うためには，次のような事柄を理解しておく必要がある。
　①法令を特定し，所在を突き止めるには，どうすれば良いのか。
　②法令の種類や体系は，どのようになっているのか。
　③法令の構造は，どのようになっているのか。
　④法令の効力は，どのような範囲に及ぶのか。

1 法令の特定

1. 総説

　法令実務を行う際に先ずもって重要なことは，法令の正確な特定である。例えば，法令の解釈を行う場合には，問題となっている事案に適用される法令を正確に特定する必要があり，法令を立案する場合には，条文の配列や表現ぶりの参考となるような法令を特定して内容を調べることが有益である。その際，法令を特定するために題名と法令番号が必要となる。

2. 題名

　氏名が個人を特定する働きをするのと同じように，法令に付された題名は法令を特定する機能を持っている。法律であれば，「会社法」「金融商品取引法」といった題名によって個々の法律が特定される。

　題名は法令の一部であり，現在は法令に必ず題名を付けることになっている。

　ところが，昭和22年頃以前は法令に必ず題名を付けることにはなっていなかったため，現行法令でも題名のないものがあり，これらについては「件名」を用いて特定している。

　「件名」とは，法令の公布文において公布の対象物を「○○に関する件」などと記述した文言のことである。法令の公布は，制定された法令を一般に周知させる目的で公示する行為のことであり，国の法令については明治時代以降，制定された法令を官報に掲載することによって行われてきた。法令を公布する官報においては，法令そのものを掲載するに際し，前書きとして公布権者（例えば，法律の場合には天皇）が当該法令を公布し，又は公布させる旨を宣言する文章が記載される。この文章が「公布文」と呼ばれるものであり，その中に何を公布するかが書かれている。例えば，明治22年法律第34号と

いう法律番号を持っている法律の公布文は「朕決闘罪ニ関スル件ヲ裁可シコ
コニコレヲ公布セシム」というものであるが，ここで記述されている公布の
対象物，すなわち「決闘罪ニ関スル件」が件名と呼ばれているものである。

　多くの法令は題名によって特定されるが，題名だけでは特定できない法令
もある。というのは，法令の中には，一部改正法令，すなわち，既存の法令
を改正するための法令があり，この一部改正法令に同じ題名のものがあるか
らである。法律を例にとれば，A法という法律を改正するための法律は「A
法の一部を改正する法律」という題名になるが，過去にA法が複数回改正さ
れていれば，その都度「A法の一部を改正する法律」という同一の題名を
持った法律が制定されたことになる。実際にも，税法をはじめ多くの法律が
これまでに度々改正されているため，「所得税法等の一部を改正する法律」
「裁判所法の一部を改正する法律」など，同じ題名を持つ改正法が複数存在
している。このような同じ題名を持つ改正法のうち，特定のものを識別する
ためには，次に述べる法令番号が必要となる。

3. 法令番号

　法令番号とは，個々の法令を識別するために，例えば「平成〇〇年法律第
〇〇号」といったように，①公布された日の属する年，②法令の種類，③公
布された順番を表す番号，の3つを組み合わせて記載したものである。これ
らは，公布の際，官報に記載される。

　法令番号は題名とは異なり，法令の一部ではない。また，法令番号は，題
名のない法令を含め，すべての法令に付されている。

　先に述べた同じ題名を持つ改正法は，各々が公布された時点の違いに応じて
異なる法律番号を持っているため，法律番号をみれば識別することが可能となる。

　ある法令の中で他の法令を引用する場合には，引用される法令の題名（又
は件名）の直後に，括弧書きでその法令番号を付記することとなっている。た
だし，複数回引用する場合，2回目以降の引用の際は，原則として法令番号
は付記しない。

法令が一部改正された場合でも，その法令に付されている法令番号は変わらないが，全部改正された場合には，法令番号が付け替えられる。

参考 所得税法等の一部を改正する法律（平成27年法律第9号）が公布された際の官報掲載文（冒頭部分）

所得税法等の一部を改正する法律をここに公布する。

御名　御璽

平成二十七年三月三十一日

内閣総理大臣　安倍　晋三

法律第九号

所得税法等の一部を改正する法律

（所得税法の一部改正）

第一条　所得税法（昭和四十年法律第三十三号）の一部を次のように改正する。

目次中「第九十五条」を「第九十五条の二」に、「第五款　還付（第百三十七条—第百四十二条）

「第五款　納税の猶予（第百三十七条の二・第百三十七条の三）

第六款　還付（第百三十八条—第百四十二条）」

に、「第六章　修正申告の特例（第百五十一条）

第七章　更正の請求の特例（第百五十二条・第百五十三条）

第八章　更正及び決定（第百五十四条—第百六十条）」

を

「第六章　修正申告の特例（第百五十一条の二）

第七章　更正の請求の特例（第百五十二条・第百五十三条）

第八章　更正及び決定（第百五十四条—第百六十条）」

に、「第二款　申告、納付及び還付（第百六十六条）」を「第二款　申告、納付及び還付（第百六十六条）

第二款の二　修正申告の特例（第百六十六条の二）」に改める。

第十条第二項中「を提示して」を「の同項に規定する提示に代えて政令で定めるところにより行う第二百五項中「を提示して」を「の提示（当該書類の提示に代えて政令で定めるところにより行う第二百二十四条第一項（利子、配当等の受領者の告知）に規定する署名用電子証明書等の送信を含む。）」に、「同項」を「前項」に改める。

（以下省略）

2 法令の所在

1. 法令の形態

　法令を調べる場合には，それがどこに所在するか，言い換えれば，どのような媒体に記録されているかを知る必要がある。これが法令の所在という問題であり，「法令は六法に載っている」というのも1つの答えではあるが，それでは済まない場合も少なくない。確かに，六法には法令が登載されているが，すべての法令が網羅されているわけではない。また，毎年国会で成立する法律の多くは一部改正法であるが，これらは六法には登載されていないので，その内容を調べるには別の記録媒体に当たらなければならない。

　このように，法令の所在は案外複雑な問題であり，法令の記録媒体は多数あるが，そのすべてがあらゆる形態の法令を収めているわけではない。

　法令には，制定法令と現行法令という2つの形態がある。両者の違いは条文の姿にあり，制定法令は制定された時の条文の姿をした法令であるのに対し，現行法令は現時点における条文の姿をした法令である。ここで「現時点における条文の姿」というのは，ある法令について現在までに行われた一部改正をすべて反映させた条文の姿のことであり，法令の適用という観点からみれば「社会事象に現時点で適用される条文の姿」ということになる。

　国の法令を記録する媒体の具体例を形態別に挙げると，制定法令を掲載するのは官報であり，現行法令の一部を登載しているのは六法である。

　制定法令と現行法令の区別は，法令実務にとってきわめて重要な概念であり，両者の違いや関係を正確に理解しておく必要がある。

　ある法令が新規に制定されてから一部改正されるまでの間は，制定時の条文の姿と現時点での条文の姿が一致しているため，その法令は制定法令であり，かつ，現行法令である。その後その法令が一部改正された場合には，条

文の姿が制定時とは異なるので、もはや制定法令ではなく専ら現行法令として、改正後の条文の姿を持った法令となる。

他方、ある法令が一部改正される場合には、その過程で一部改正法令という新たな制定法令が生み出される。この一部改正法令は、改正の内容を「改め文」の形で規定したものであり、改正対象法令とは別個の法令として「○○法の一部を改正する法律」といった固有の題名と法令番号を持つことになる。

ここで述べた「改め文」というのは、「第○条第○項中「○○○」を「×××」に改める」といったように、改正の箇所と文言を規定した条文であり、具体例は次に示すとおりである。

> **例 労働安全衛生法の一部を改正する法律（平成二十六年法律第八十二号）**
>
> 　労働安全衛生法（昭和四十七年法律第五十七号）の一部を次のように改正する。
> 　目次中「安全衛生改善計画等」を「事業場の安全又は衛生に関する改善措置等」に、「安全衛生改善計画（」を「特別安全衛生改善計画及び安全衛生改善計画（」に改める。
> 　第二十八条第三項第一号中「第五十七条の三第四項」を「第五十七条の四第四項」に、「第五十七条の四第一項」を「第五十七条の五第一項」に改める。
> 　第二十八条の二第一項中「有害性等」の下に「（第五十七条第一項の政令で定める物及び第五十七条の二第一項に規定する通知対象物による危険性又は有害性等を除く。）」を加える。
> 　第四十六条第一項中「第五十三条及び」を「第五十三条第一項及び第二項並びに」に改め、同条第二項第二号中「第五十三条」を「第五十三条第一項又は第二項」に改め、同条第三項中「すべて」を「全て」に改め、同項第四号イ中「いう」を「いい、当該登録申請者が外国にある事務所において製造時等検査の業務を行おうとする者である場合にあつては、外国における同法の親法人に相当するものを含む」に改める。
>
> 　　　　　　　　　　（以下省略）

法令の一部改正は、一部改正法が施行され「改め文」が改正対象法令に「溶け込む」ことによって完成する。したがって、改正後の条文の姿を規定した法令が改めて制定されるようなことはなく、六法に掲載されている現行法

令の条文は，編集者が自ら「改め文」に基づいて改訂を行っている。

　法令実務上，法令の解釈が問題になる場合には，現行法令の条文さえわかれば良いので，通常であれば過去の一部改正法令（制定法令）に当たる必要はないが，法令改正を目指して立案作業を行う場合には，過去の一部改正法令（制定法令）を探して「改め文」を参照する必要が生ずることもある。

2. 制定法令の所在

　国のすべての制定法令は官報に掲載される。したがって，制定法令の所在する場所は官報であり，制定法令の正確な内容を調べるには官報を見れば良い。

　官報の歴史は古く，明治16（1883）年，太政官文書局によって創刊された。以来，内閣印刷局，大蔵省印刷局などの変遷を経て，現在では独立行政法人国立印刷局が官報の印刷業務を担っている。

　官報は日刊であり，行政機関の休日を除いて毎日発行される。このほか，明治18（1885）年以降，官報とともに法令全書という月刊誌が発行されている。これは，官報に掲載した内容を月単位で収録した冊子であり，制定法令を閲覧する場合，官報の代わりに法令全書を当たると比較的簡単に探すことができる。

　官報と法令全書は紙による媒体であるが，現在，国立印刷局では「インターネット官報」により，最近の法令の官報掲載情報を無料で公開している。

　このほか，国立国会図書館が提供する「日本法令索引」という電子媒体があり，明治以来の国の制定法令を登載している。

3. 現行法令の所在

　国の現行法令を登載している紙媒体として最も身近なものは，市販されている単行本の法令集，すなわち六法と称される書籍であろう。六法には，分量の点でコンパクトなものから分厚いものまで，また，内容の点で全領域の主要法令を網羅したものから，「税法六法」「証券六法」など個別領域の法令

に特化したものまで，さまざまなものがあるが，いずれも手頃で便利な媒体である。

他方，国の現行法令は法律が二千近く，政令は二千超，府省令に至っては数千と，きわめて多数あるので，通常の六法ではすべてを登載できない。また，六法の改訂は年に1度が通常なので，その間に法令改正が行われた場合には，最新の条文になるまでに若干の時間を要することになる。

このような六法の制約を相当程度克服し，国の全法令をほぼ最新の姿で表す媒体がある。

1つは，加除式法令集という紙媒体である。これは，法律，政省令などの国の全法令を編集した資料集であり，いわば「スーパー六法」である。きわめて多数の巻から成っており，並べると本棚を埋め尽くす程の膨大な分量である。各巻は紐綴じの形式になっており，一部改正法令や新規法令が施行される都度，該当ページが差し替えられる。

次に，公的な機関が無料で提供している電子媒体がある。その1つが先に述べた「日本法令索引」であり，国の現行法令を改訂しながら登載するとともに，その改正履歴や国会審議に関する情報を提供している。

総務省行政管理局が提供する「法令データ提供システム」も有力な電子媒体である。「法令データ提供システム」は，国の全法令を対象に最新の条文を提供すべく，概ね1ヵ月ごとにデータを更新するとともに，便利な検索機能を備えている。例えば，法令を探し出す機能として題名の頭文字から探す「五十音索引」や，規定事項から探す「事項別分類索引」のほか，題名中にある語句を手がかりにして探すことのできる「法令名の用語索引」がある。また，法令の中で使われている用語を探し出す機能として，「法令用語検索」もある。この検索は，法令の条文を起案する際，使おうとする言葉が適切な法令用語であることを確認するときなどに使うと便利である。

3 法令の種類

1. 国の法令

　国の法令には，憲法，法律，命令などさまざまな種類がある。これらは制定権者が異なっており，憲法は国民により，法律は国会により，命令は行政機関により制定される。命令には，さらに内閣が制定する政令や，各省大臣が制定する省令などの種類がある。

(1) 憲　法

　憲法は，国政の基本を定める最高法規であり，国法の序列において最も強い効力を持っている。

　現行憲法である日本国憲法は，前文と11章103条の条文から成っており，昭和21 (1946) 年11月3日に公布された後，翌年の5月3日に施行された。

　日本国憲法は，前文の冒頭で「日本国民は，・・・ここに主権が国民に存することを宣言し，この憲法を確定する」と述べて，憲法の実質的な制定権者が日本国民であることを示すとともに，第10章において，最高法規としての憲法の意義と機能を定めている。

　日本国憲法の基本理念は，国民主権，平和主義及び基本的人権の尊重である。国民主権については，先に触れた前文の1節のほか，天皇の地位が「主権の存する日本国民の総意に基く」とする第一条の規定がある。平和主義は「戦争の放棄」と題する第2章の第9条に規定され，基本的人権の尊重は「国民の権利及び義務」と題する第3章（第10条から第40条まで）に規定されている。

　また，憲法は国政の基本法として，第4章国会，第5章内閣，第6章司法などの各章において，統治機構に関する基本的な事項を定めている。

(2) 法 律

　法律は，国会が制定する法令であり，憲法第41条は国会が「国の唯一の立法機関である」と規定している。法律は国法の序列において，憲法に次いで強い効力を持ち，行政機関が制定する命令との関係では上位にある。

　憲法は，刑罰や租税に関する事項をはじめ，日本国民たる要件，勤労条件に関する基準，両議院の議員定数等の事項について，法律で定めなければならないことを規定している（第31条，第84条，第10条，第27条第2項，第43条第2項等）。こうした憲法の規定する事項に限らず，国民に義務を課し，又は国民の権利を制限するような事項は，法律の専属的所管事項であり，法律からの委任がなければ，政令などの下位の法令で規定することができない（内閣法第11条等）。

　法律の題名は「○○法」や「・・・に関する法律」など，語尾が「法」又は「法律」となっているのが通例である。金融の分野を例にとれば，銀行法（昭和56年法律第56号），資産の流動化に関する法律（平成10年法律第105号）というような題名になっている。

　法律としての効力を持つ現行法令には，現行憲法下で国会が制定した法律のほかに，大日本帝国憲法の下で天皇が帝国議会の協賛を経て裁可した法律があり，さらには太政官布告やポツダム命令という形式で，現在でも法律と同一の効力を持っている法令がある。

　大日本帝国憲法下で制定された法律が現在でも法律としての効力を持っているのは，日本国憲法第98条第1項の規定によるものである。同項は「この憲法は，国の最高法規であつて，その条項に反する法律，命令，詔勅及び国務に関するその他の行為の全部又は一部は，その効力を有しない」と規定しており，その反対解釈として，日本国憲法が施行された際に存在していた法律で憲法の条項に反しないものは，その後も引き続き効力を有するとされている。民法（明治29年法律第89号）や刑法（明治40年法律第45号）などが，その例である。

　太政官布告というのは，明治18（1885）年12月に内閣制度が創設される前

の明治初期に，当時の最高行政機関である太政官が発出した法令であり，現在でも法律や政令としての効力を持つものがある。例えば，爆発物取締罰則（明治17年太政官布告第32号）は法律としての効力を持ち，褒章条例（明治14年太政官布告第63号）は政令としての効力を持っている。その根拠は，旧憲法（大日本帝国憲法）と現行憲法（日本国憲法）の規定にある。旧憲法第76条は，施行時に存在した法令のうち憲法に矛盾しないものは効力を存続する旨を定め，現行憲法第98条第1項も同様の趣旨を定めると解されていることから，先に挙げた太政官布告が，時代を超えて効力を保持し，現行法令の一角を占めるに至っている。ちなみに爆発物取締罰則は，平成13年に，我が国が条約（テロリストによる爆発物使用の防止に関する国際条約）を締結する際，国外犯にも罰則を適用する旨の規定を追加するために改正されており，条約の締結を担保する国内法として存在意義を示すこととなった。

　ポツダム命令というのは，昭和20（1945）年9月20日に制定された，いわゆるポツダム緊急勅令（ポツダム宣言の受諾に伴い発する命令に関する件（昭和20年勅令第542号））に基づいて発せられた命令である。ポツダム緊急勅令は，「ポツダム宣言の受諾に伴い連合国最高司令官の要求事項を実施するために特に必要がある場合においては，命令で所要の定めをし，必要な罰則を設けることができる」ことを定めており，連合国と我が国の間の平和条約が発効した昭和27（1952）年4月28日に廃止された。このようにポツダム緊急勅令は現行憲法の施行（昭和22年5月3日）の前後にわたって効力を有していたため，これに基づいて発せられた命令であるポツダム命令には，旧憲法下で天皇が制定した法令である「勅令」と，現行憲法下で内閣が制定した法令である「政令」の両様の形式がある。ポツダム緊急勅令は「罰則を設けることができる」と定めていたため，ポツダム命令は，勅令や政令という形式でありながら，罰則などのように本来であれば法律によって規定されるべき事項を規定していた。平和条約発効の際，ポツダム命令は，ポツダム宣言の受諾に伴い発する命令に関する件の廃止に関する法律（昭和27年法律第81号）により，法律で特別に措置された場合にのみ，法律としての効力を存続するこ

ととなった。この特別な措置により、法律としての効力を存続することとなったポツダム命令の代表例は、出入国管理令（昭和26年政令第319号）である。この政令は、その後、難民の地位に関する条約等への加入に伴う出入国管理令その他関係法律の整備に関する法律（昭和56年法律第86号）によって「出入国管理及び難民認定法」という現在の題名に改められたが、昭和26年政令第319号という法令番号はそのままである。

(3) 命令

命令は、行政機関が制定する法令であり、政令、府令・省令、規則の3つの種類がある。

命令は、法律の下位にある法令であり、法律との関係という観点から、委任命令と実施命令に大別される。委任命令は法律からの委任を受けた事項を定める命令であり、実施命令は法律の規定を実施するために必要な細則的事項を定める命令である。

① 政令

政令は、現行憲法下で内閣が制定する命令である。内閣による政令の制定は憲法に根拠があり、憲法第73条第6号は、内閣の事務の1つとして「この憲法及び法律の規定を実施するために、政令を制定すること。但し、政令には、特にその法律の委任がある場合を除いては、罰則を設けることができない」と規定している。

先に法律の専属的所管事項のところで触れたように、内閣法第11条は「政令には、法律の委任がなければ、義務を課し、又は権利を制限する規定を設けることができない」と規定している。したがって、法律の委任がない場合に、政令で報告、届出などの義務を課すようなことはできない。

政令の題名は、それぞれの上位規範である法律の題名に対応して、「○○法施行令」や「・・・に関する法律施行令」など、法律の題名に「施行令」という文言を加えた形になっているものが多い。金融の分野を例にとると、

銀行法施行令（昭和57年政令第40号），資産の流動化に関する法律施行令（平成12年政令第479号）などとなっている。

なお，旧憲法下で天皇が制定した勅令についても，日本国憲法施行の際現に効力を有する命令の規定の効力等に関する法律（昭和22年法律第72号）などによって政令と同一の効力を有するとされたものがある。恩給給与規則（大正12年勅令第369号）などがその例である。

② 府令・省令

府令と省令は，行政事務を分担管理する大臣が制定する命令であり，それぞれ内閣総理大臣と各省大臣が制定権者となっている。この場合の内閣総理大臣は，内閣の長ではなく，内閣府の長としての大臣である。府令と省令の制定については，法律に根拠規定がある。省令については，国家行政組織法（昭和23年法律第120号）第12条第1項が「各省大臣は，主任の行政事務について，法律若しくは政令を施行するため，又は法律若しくは政令の特別の委任に基づいて，それぞれの機関の命令として省令を発することができる」と規定し，府令については，内閣府設置法（平成11年法律第89号）第7条に同様な規定がある。

政令の場合と同様，府令と省令の規定事項には法律の専属的所管事項との関係から重要な制約がある。国家行政組織法第12条第3項は，「省令には，法律の委任がなければ，罰則を設け，又は義務を課し，若しくは国民の権利を制限する規定を設けることができない」と規定し，府令についても内閣府設置法第7条に同様な規定がある。

府令と省令の題名は，それぞれの上位規範である法律の題名に対応して，「〇〇法施行規則」や「・・・に関する法律施行規則」など，法律の題名に「施行規則」という文言を加えた形になっているものが多い。金融の分野を例にとると，銀行法施行規則（昭和57年大蔵省令第10号），資産の流動化に関する法律施行規則（平成12年総理府令第128号）などとなっている。

なお，旧憲法下で内閣総理大臣が発した命令である閣令についても，府令

と同一の効力を有するとされているものがある。

③ 規則

命令には、現行憲法下で大臣以外の行政機関が制定した法令で、規則と呼ばれるものがある。例えば、各府省から独立した機関である会計検査院と人事院が、それぞれ会計検査院法と国家公務員法を根拠として、その所管事項について、会計検査院規則と人事院規則を定めている。このほか、公正取引委員会、国家公安委員会、中央労働委員会など、各府省の外局である各種委員会が内閣府設置法等を根拠として、一定の事項について規則を定めている。

(4) その他

国の法令には以上のほか、議院規則と最高裁判所規則がある。議院規則は、衆議院及び参議院の各議院が憲法第58条第2項の規定に基づいて制定する法令であり、各議院における会議その他の手続及び内部の規律に関する事項を定めたものである。最高裁判所規則は、最高裁判所が憲法第77条第1項の規定に基づいて制定する法令であり、訴訟に関する手続、弁護士、裁判所の内部規律及び司法事務処理に関する事項を定めたものである。

2. 地方公共団体の法令

地方公共団体の法令には、地方公共団体の議会が制定する条例のほか、地方公共団体の長が制定する規則と地方公共団体に設置される委員会が制定する規則がある。憲法第94条は「地方公共団体は、・・・法律の範囲内で条例を制定することができる」と規定しているが、多くの学説は地方公共団体に自主立法権を認めるという同条の趣旨を理由として、同条の条例には、議会が制定する条例のほか、地方公共団体の長や委員会が制定する規則が含まれると解している。

(1) 条 例

　地方自治法（昭和22年法律第67号）は，第2条第2項で「地方公共団体は，地域における事務その他の事務で法律又はこれに基づく政令により処理することとされるものを処理する」と定めた上で，第14条第1項で「普通地方公共団体は，法令に違反しない限りにおいて第2条第2項の事務に関し，条例を制定することができる」と規定している。

(2) 地方公共団体の長が定める規則

　地方自治法第15条第1項は，普通地方公共団体の長が「法令に違反しない限りにおいて，その権限に属する事務に関し，規則を制定することができる」と規定している。

　普通地方公共団体の長の権限については，地方自治法第148条に「普通地方公共団体の長は，当該普通地方公共団体の事務を管理し及びこれを執行する」という規定があるため，普通地方公共団体の長が定める規則の規定事項の範囲は，一般的には条例のそれと同様ということになる。ただし，法令の規定によって条例の専属的な所管事項とされているものがあり，これらは長の規則の対象外となる。例えば，地方自治法第14条第2項では「普通地方公共団体は，義務を課し，又は権利を制限するには，法令に特別の定めがある場合を除くほか，条例によらなければならない」と規定しているため，住民の権利義務の変動をもたらす事項は，原則として条例の専属的な所管事項となる。このほか，条例の専属的な所管事項を定めている規定の例としては「法律又はこれに基づく政令に特別の定めがあるものを除くほか，公の施設の設置及び管理に関する事項は，条例でこれを定めなければならない」とする地方自治法の規定（第244条の2第1項）や，「職員の給与，勤務時間その他の勤務条件は，条例で定める」とする地方公務員法（昭和25年法律第261号）の規定（第24条第5項）などがある。

　普通地方公共団体の長が定める規則の効力が，条例と同様に国の法令に劣ることは，地方自治法第15条第1項が「法令に違反しない限り」としている

ことから明らかである。

(3) その他

　地方公共団体には，法律の定めるところにより委員会が置かれることとされている（地方自治法第138条の4第1項）。具体的には，人事委員会（地方公務員法），教育委員会（地方教育行政の組織及び運営に関する法律），都道府県公安委員会（警察法）などがあり，各委員会には各根拠法により，その権限に属する事務に関して規則を制定する権能が与えられている。

　地方自治法第138条の4第2項は，地方公共団体の委員会が「法令又は普通地方公共団体の条例若しくは規則に違反しない限りにおいて，・・・規則その他の規程を定めることができる」とし，委員会規則の効力が国の法令のみならず，条例と長の規則に劣ることを定めている。

4 法令の体系

1. 総説

　法令は，全体として統一的な秩序を持ったものとなるよう，次に示されるような階層構造から成る体系を形成している。法令の体系の下では，上位の階層にある法令の効力は，下位の階層にある法令の効力に優先する。

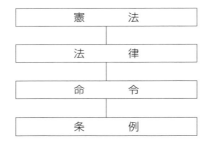

　法令の体系は，法令実務にとって重要な意義を持っている。仮に，司法の場で，ある法令の規定が上位の法令に反して無効であるとの判断が示され，確定した場合には，当該規定に関する解釈・運用の変更と改正に向けた立法作業が必要となる。実際に，法律，命令，条例のそれぞれについて，上位の法令に反して無効とされた判例があり，法令の体系に対する考慮が重要であることを物語っている。

2. 憲法と法律

　憲法は最高法規であり，法令の体系の下で，最も強い効力を持つ法令である。憲法第98条第1項はこれを明らかにする規定であり，「この憲法は，国の最高法規であつて，その条規に反する法律，命令，詔勅及び国務に関する

その他の行為の全部又は一部は，その効力を有しない」と定めている。

憲法が最高法規とされる実質的な根拠は，憲法が，いわゆる自由の基礎法として，不可侵の権利である基本的人権を国民に保障している点にある。この点に関し，憲法第97条は「この憲法が日本国民に保障する基本的人権は，人類の多年にわたる自由獲得の努力の成果であつて，これらの権利は，過去幾多の試練に堪へ，現在及び将来の国民に対し，侵すことのできない永久の権利として信託されたものである」と定めている。

憲法が最高法規とされる意義は，憲法が国家権力を制限する規範であるという点にある。先に挙げた憲法第98条第1項は，憲法の制限規範としての意義を表しており，この規定により，国会や政府が憲法に反するような法令を制定しても効力が否定されることになる。また，憲法第99条は，国務大臣，国会議員，裁判官その他の公務員に対し，憲法を尊重し，擁護する義務を課す規定であるが，同条も憲法が持つ制限規範としての意義を表す重要な規定である。

憲法第81条は，「最高裁判所は，一切の法律，命令，規則又は処分が憲法に適合するかしないかを決定する権限を有する終審裁判所である」と定め，最高裁判所に違憲立法審査権を与えている。この制度は，三権分立の思想を背景とするものであり，最高裁判所に「憲法の番人」として，憲法の制限規範としての実質を確保する役割を与えるという考え方に基づいている。

最高裁判所が違憲立法審査権に基づき，法律の規定が憲法に違反するとの判断を示した判例は，**図表1**のとおりである。

このうち最初の判例が昭和48（1973）年であるので，憲法が昭和22（1947）年に施行されてから26年間は違憲判例がなかったことになるが，その後は，平成27（2015）年に至るまでの40年余に9件と，平均して概ね5年に1件の頻度で違憲判例が出されたことになる。

違憲の理由としては，法の下の平等を定めた第14条に違反するとされた例が最も多い。対象となった規定をみると，刑法の尊属殺重罰，公職選挙法の議員定数配分，国籍法の国籍取得要件，民法における非嫡出子の相続分及び

図表1

	年月日	対象規定	規定内容	憲法条項
1	昭和48年4月4日	刑法200条	尊属殺重罰	14条1項（法の下の平等）
2	昭和50年4月30日	薬事法6条2項4項	薬局開設の距離制限	22条1項（営業の自由）
3	昭和51年4月14日	公職選挙法	議員定数配分	14条1項（法の下の平等）15条1項3項 44条ただし書
4	昭和60年7月17日	公職選挙法	議員定数配分	14条1項（法の下の平等）
5	昭和62年4月22日	森林法186条	共有林分割の規制	29条2項（財産権）
6	平成14年9月11日	郵便法68条 73条	賠償責任の免除・制限	17条（国家賠償請求権）
7	平成17年9月14日	公職選挙法附則8項	在外国民の選挙権の制限	15条1項3項（選挙権）43条1項 44条ただし書
8	平成20年6月4日	国籍法3条1項	国籍取得の準正要件	14条1項（法の下の平等）
9	平成25年9月4日	民法900条4号ただし書	非嫡出子の相続分の差別	14条1項（法の下の平等）
10	平成27年12月16日	民法733条1項	女性の再婚禁止期間（100日を超える部分）	14条1項（法の下の平等）24条2項

女性の再婚禁止期間に関する規定となっている。このほか，経済的自由を定めた憲法条項に違反するとされた例もあり，薬局開設の距離制限を定めた薬事法の規定が職業選択の自由を定める憲法第22条に反し，共有林分割を規制した森林法の規定が財産権に関する憲法第29条の趣旨に反するとの判断が示された。

　最高裁判例において示された憲法適合性に関する審査基準は，法令実務に

も大きな影響を与えるものである。例えば、薬事法や森林法に関する判例では、対象規定の合憲性を判断するに当たり、立法目的の妥当性とともに立法目的を達成する手段としての必要性と合理性を厳しく吟味しているが、この審査基準は、規制立法を立案する際の重要な考慮事項となる。

3．法律と命令

　法律は命令の上位規範であり、法律に違反する命令の規定は無効である。命令は、委任命令であれ、実施命令であれ、法律の規定を根拠として存在するものであり、法律の規定の趣旨を踏まえ、その範囲内で定めるべきものである。命令を立案する際には、このような「行政立法の限界」を逸脱することのないよう、留意しなければならない。

　図表2は、委任命令の規定が法律の委任の趣旨に反して無効であるとの判断を示した最高裁判例であるが、これらは、命令の立案に関する貴重な警告と受け止めるべきものであろう。

　なお、法律と命令の関係については、法律による命令への白紙委任、すなわち「国会が国の唯一の立法機関である」とする憲法第41条の趣旨を否定し、国会の立法権を没却するような抽象的、包括的な委任は許されないという点にも留意する必要がある。法律による命令への委任は、手続的な事項、技術的な事項、事態の推移に応じて臨機に措置しなければならないことが予想される事項などについての個別的、具体的な委任でなければならない。

4．法令と条例

　条例は、法令に違反しない限りにおいて制定されるべきものであるが、条例が法令に違反するかどうかを判断する基準は、徳島市公安条例事件に関する最高裁判決（最大判昭和50年9月10日）に示されている。この判決では「条例が国の法令に違反するかどうかは、両者の対象事項と規定文言を対比するのみでなく、それぞれの趣旨、目的、内容及び効果を比較し、両者の間に矛盾抵触があるかどうかによってこれを決しなければならない」とした上で、

個々の条例の規制が国の法令に違反するかどうかは、関係する国の法令の趣旨いかんによって異なる旨を述べている。

条例が法令に反して無効であるとされた事例としては、高根町簡易水道事業給水条例を改正した条例の規定が公の施設の利用に関する不当な差別的取扱いを禁じた地方自治法の規定に反するとした最高裁判決（平成18年7月14日）や、神奈川県臨時特例企業税条例の規定が欠損金繰越控除の必要的な適用を定めた地方税法の規定に反するとした最高裁判決（平成25年3月21日）などがある。

図表2

年月日	対象条項　根拠条項	命令の規定内容
昭和46年1月20日	農地法施行令16条　農地法80条（買収農地売払いの認定）	左記認定ができる場合を「公用に供する緊急の必要があるとき」などに限定
平成3年7月9日	監獄法施行規則（法務省令）120条124条　監獄法50条（接見に関する制限の委任）	14歳未満の者との接見を原則として禁止（120条）　監獄長の裁量による接見許可（124条）
平成14年1月31日	児童扶養手当法施行令1条の2第3号　児童扶養手当法4条1項5号（支給対象児童）	「母が婚姻（事実婚を含む。）によらないで懐胎した児童（父から認知された児童を除く。）」
平成15年12月25日	戸籍法施行規則（司法省令）60条　戸籍法50条（常用平易な文字の範囲）	子の名に用いるべき常用平易な文字を定めているところ、「曾」の字が含まれず
平成18年1月13日	貸金業法施行規則（内閣府令）15条2項　貸金業法18条1項6号（受取証書の記載事項）	契約番号の明示により契約年月日等の法定事項の記載に代えることができる
平成21年11月18日	地方自治法施行令115条　地方自治法85条1項（公選法規定の解職投票への準用）	公選法中の立候補制限規定を請求手続に準用し、公務員が解職請求代表者になることを禁止
平成25年1月11日	薬事法施行規則（厚生省令）15条の4第1項等　薬事法36条の5等（販売従事者、情報提供等）	第一類及び第二類医薬品の郵便等販売を禁止

4 法令の体系 I

違 法 理 由
農地の意義を失った場合には売払いを認定するというのが法の趣旨であり，左のような限定は，法の委任の範囲を超えている
接見の制限は一定の範囲に限られるべきものであること等から，幼年者との接見を原則禁止することは法が予定していない。委任は，接見の態様に関する制限に限られる
法は，父による現実の扶養を期待できない児童の類型化を委任していると解すべき。認知は現実の扶養につながらず，括弧書きにより除外する部分は，委任の趣旨に反する
社会通念上明らかに常用平易な文字である「曾」の字を定めていない限りにおいて，委任の趣旨を逸脱し違法である（出生届の受理を命じた原審の判断は正当）
府令に委任した事項は法定事項への追加事項と書面の交付方法であり，府令が法定事項以外の事項の記載をもって法定事項の記載に代えることは許されない
解職の請求と投票は別個の手続であり，法は，投票についてのみ準用することを規定。政令の規定は投票の範囲に限られ，請求にまで準用することは許されない
法の規定には，省令に郵便等販売の規制を授権する趣旨を明確に示すものは全くなく，左の省令の規定は，委任の範囲を逸脱した違法なものである

5 法令の構造

　法令を解釈し，又は立案する際には，法令の構造に関する理解と認識が不可欠である。法令の構造として以下の2つが挙げられる。
① 巨視的な構造：解釈・立案の対象法令が法体系の下で他の法令とどのような関係を持っているか。
② 微視的な構造：対象となる法令や条文がどのような要素によって構成されているか（又は構成されるべきか）。

1．法体系における位置づけ

　ある法令が法体系の下で他の法令とどのような関係を持っているかという巨視的な構造問題には，以下の2つの問題がある。
① 垂直関係の構造問題：その法令が上下の関係にある他の法令とどのような関係を持っているか。
② 水平関係の構造問題：その法令が同位の階層に属する他の法令とどのような関係を持っているか。

(1) 垂直関係の構造問題

　法令を立案する際には，上下の関係にある他法令との関係に十分な注意を払う必要がある。法律を立案する場合には，最高裁判例で示された合憲性の判断基準を踏まえ，立法目的の正当性と手段としての必要性・合理性を慎重に検討するとともに，政省令への委任が白紙委任とならないよう注意しなければならない。また，命令を立案する場合には，法律からの委任の趣旨に反するなど，行政立法の限界を逸脱することにならないよう十分留意しなければならない。

(2) 水平関係の構造問題

　同位の階層に属する法令の間には，所管事項の分担という関係があり，この関係には2つの種類がある。第1は，民事，刑事，財政，産業，社会福祉などの各政策分野の法令が，他の政策分野の法令と所管事項を分担しながら我が国全体の法秩序を形成するという関係であり，第2は，各政策分野の内部において存在する複数の法令が互いに所管事項を分担しながら集団的に当該分野の法規範を構成するという関係である。「財政関係法規」などと呼ばれる法令の集団は後者の例である。

　また，同位の階層の法令の間には，一般法と特別法という関係が存在することもある。一般法は一般的な原則を定める法律であるのに対し，特別法は特定の事項に関する特例を定める法律である。例えば，財政法は赤字国債の発行を禁止する一般法であるが，特例公債法は特定の年度について赤字国債の発行を認める特別法であり，また，東日本大震災の発生後には，被災者救済や被災地復興のため，税法，建築基準法などの一般法の規定に対する特例を定めた特別法が相次いで制定された。

　法令実務においては，このような同位の階層の他法令との関係も十分に視野に入れる必要がある。例えば，解釈又は立案の際，同一の政策分野における他の法令の規定ぶりが大いに参考になる場合があり，また，特別法を立案する際は，一般法との関係をどのように題名や条文に表現するかを考慮する必要がある。

2. 適用法令の調整原理

　法令相互の関係については，一般に法令間の矛盾抵触を解決する4つの原理があるとされている。

　① 所管事項の原理
　　　各法令の所管事項を定めることによって，法令の間に矛盾抵触が生じないようにすること。
　② 形式的効力の原理
　　　憲法を頂点とする法令の階層構造の下で，上下の法令間に矛盾抵触が

生じたときは，上位の法令が下位の法令に対して優先的に効力を持つとすること。
③　後法優先の原理
同位の法令間に矛盾抵触が生じたときには，「後法は前法を破る」という法格言に従って，後に制定された法令が前に制定された法令に対して優先的に効力を持つとすること。
④　特別法優先の原理
ある事柄について一般法と特別法の双方が規定しているときは，その事柄については特別法を優先して適用すること。この場合，仮に一般法が後法で特別法が前法であっても，この特別法優先の原理を優先する。

これらの中で最も重要な原理は，形式的効力の原理（②）である。特別法優先の原理（④）も重要であるが，最近の実務では特別法を制定する際，「○○法第○条の規定にかかわらず，・・・」など，一般法との関係を明示するのが通例であり，特別法優先の原理に依存しなければ優劣が決まらないといったケースはあまり多くない。後法優先の原理（③）は，そもそも前法と矛盾抵触が生ずるような法令を制定する際に，前法を改正するなど，規定の整備をすれば不要となるものであり，最近の実務でもそのような規定の整備が励行されている。

3. 法令の全体構成

法令は冒頭から順に，題名，目次，本則，附則という要素により構成されている。このうち，目次は法令全体の内容を理解する手がかりとして有用なものであるが，条数が少ない法令には付けられない。

本則は法令の中心的な要素であり，立法目的を実現するために必要な事項を定める本体部分である。ある程度大部の法律（現行法）の場合には，本則の条文は，総則，実体的規定，雑則，罰則という章に分けられるのが一般的である。実体的規定というのは，法目的を実現するために直接必要な措置を

定める規定であり，規制立法であれば，規制対象行為を禁止したり，許可制の下に置いたりする規定などを指す。総則には法目的を明らかにする規定や条文中で使われる語句を定義する規定などが，雑則には実体的規定に関連した手続や適用除外などを定める規定が，罰則には実体的規定の実効性を担保するために必要な罰則の規定が置かれる。附則は当該立法に関する付随的な事項を定める部分であり，施行期日や経過措置など，法令の適切かつ円滑な施行のために必要な各種の事項が規定される。

　法令実務においては，このような法令の全体構成に関する理解も不可欠である。特に立案に当たっては法令の各構成要素の意義を十分に理解した上で，それぞれに相応しい条文を過不足なく起案し，配列していく必要がある。

4. 条文の全体構成

　法令の構成要素のうち，題名と目次を除いた部分，すなわち本則と附則は条文から成り立っている。

　条文を構成する要素には，見出し，条名，項，号がある。見出しは条文の右肩に，丸括弧付きで規定の概要を示す文言を記載したものであり，昭和22年頃以前には付けられていなかったが，それ以降は見出しを付けるのが原則になっている。

　条名というのは，「第〇条」と，各条文が自らを名乗る部分であり，条名の下に1字分の余白を設けた後で，条文の本体となる文章が記載される。

　項というのは，条文本体の文章に段落が設けられる場合の各段落を意味する。各項は順に，第1項，第2項・・・と称され，冒頭にアラビア数字で「項番号」と呼ばれる番号が付される（詳細は129頁参照）。

　条文を書く際の1つの方法として，一定の事項を抜き出し，箇条書き風に並べて表記することがある。この場合の箇条書きの部分を号という。各号は順に，第1号，第2号・・・と称され，冒頭に漢数字で「号番号」と呼ばれる番号が付される。このように，号の形式を用いて一定の事項を抜き出して表記することを各号列記といい，各号列記の前にある文章は一般に柱書（は

しらがき）と呼ばれるが，改正法令の改め文において，柱書の中にある語句を改正する場合には，柱書のことを「各号列記以外の部分」と表記し，「第○条第○項各号列記以外の部分中「○○○」を「×××」に改める。」などと書く。

条文には，必ず条名があり，現在では見出しも付けられるが，条文の文章中に段落を設ける必要のない場合には，第2項以下のない，1項建ての条文となる。号は，必要がある場合にのみ用いられる。

次に示すのは，2項建てで，第1項中に各号列記がある条文の例である。

会社法（平成十七年法律第八十六号）

（取締役会設置会社の取締役の権限）
第三百六十三条　次に掲げる取締役は，取締役会設置会社の業務を執行する。
　一　代表取締役
　二　代表取締役以外の取締役であって，取締役会の決議によって取締役会設置会社の業務を執行する取締役として選定されたもの
2　前項各号に掲げる取締役は，三箇月に一回以上，自己の職務の執行の状況を取締役会に報告しなければならない。

以上が条文全体を形式面からみた場合の構成要素であるが，条文の本体となる文章を内容面からみると，条文には一般の文章にはない構造的な特徴がある。すなわち，一般の文章であれば「○○は，・・・である。」といった形で事実を記述することが多いが，条文は事実の記述を目的とするものではなく，規範を示すものである。したがって「○○が・・・したときは，・・・とする。」「○○は，・・・しようとするときは，・・・しなければならない。」といったように，一定の要件を備える事象と，これに対する法的な効果を記述する役割を持っている。この要件と効果が条文の内容面における構成要素であり，法令の解釈又は立案に際しては各条文の要件と効果を正確に理解し，又は表現することが大切である。

6 法令の効力

　法令の効力が及ぶ範囲を正確に理解することも，法令実務には不可欠である。効力の範囲には，時期，場所，対象者の3つの側面がある。

1．時 期
(1) 効力の始期
　法令は，制定された後に公布されるが，公布された法令が効力を発動するのは施行期日以降である。したがって，法令の効力の始期は施行期日であり，それは附則の冒頭に定められる。
　法令の施行というのは，法令の効力が一般的，現実的に発動し，作用するようになることである。これに対し法令の適用というのは，施行された法令の効力が個々の事象に対して，具体的，現実的に発動し，作用することである。

(2) 効力の終期
　法令は原則として，廃止されない限り効力を失うことはない。法令を廃止する場合には「〇〇法を廃止する法律」など，廃止するための立法措置が必要となる。
　この原則には，限時法という例外がある。限時法というのは，自らが一定の期日に効力を失うことを定めている法律のことであり，この定めは附則において「この法律は，平成〇年〇月〇日限り，その効力を失う。」というように規定される。限時法はこの定めに基づき，新たな立法措置を要せず自動的に効力を失うことになる。
　なお，法律の中には当該法律を一定の期限内に廃止する義務を附則に規定するものがあるが，この場合には，限時法とは異なり，当該期限の到来に

よって当該法律が自動的に失効するようなことはなく，これを廃止するための立法措置が別途必要となる。

(3) 施行の停止

現行法の中には，施行が停止されているものがある。陪審法（大正12年法律第50号）と財政構造改革の推進に関する特別措置法（平成9年法律第109号）である。これらは，いったん施行された後に，諸情勢に鑑みてその施行を停止するため「○○法の停止に関する法律」と題する立法措置がなされた。その結果，前者については昭和18年4月1日から，後者については平成10年12月18日から，施行が停止されている。

2. 場 所

法令の効力が及ぶ場所の範囲は，原則として，当該法令の制定権者の権限に対応し，国の法令の効力は我が国の領土のすべてに及び，地方公共団体の法令の効力はその地方公共団体の区域のすべてに及ぶ。

法令の効力が及ぶ範囲としての領土は，我が国の主権が及ぶ領域を意味するものであり，領海と領空を含んだ概念である。我が国の領海は，海洋法に関する国際連合条約（平成8年条約第6号）と領海及び接続水域に関する法律（昭和52年法律第30号）により，基線からその外側12海里の線までの海域と定められている。領空は，領土（土地としての領土）と領海の上空を指す。領空に関し，国際民間航空条約（昭和28年条約第21号）第1条は「締約国は，各国がその領域上の空間において完全且つ排他的な主権を有することを承認する」と規定している。

法令の効力が及ぶ場所の範囲に関する原則については，条約や法律の規定により，拡大と限定の両面で例外がある。

① 拡大の例

海洋法に関する国際連合条約では，領海（12海里以内）の外側に，接続水

域（24海里以内），排他的経済水域（200海里以内），大陸棚といった海域の概念を設け，こうした海域において沿岸国が一定の権利を有することを認めている。例えば，接続水域に関しては，通関，財政，出入国管理及び衛生に関する法令に違反する行為を防止し，処罰するために必要な規制を行うことを，また，排他的経済水域や大陸棚に関しては，天然資源の探査，開発等を行うことを認めている。さらにこの条約では，自国の法令に違反した外国船舶を領海外に追跡する権利を沿岸国に認めている。これらを受けて我が国では，領海及び接続水域に関する法律や排他的経済水域及び大陸棚に関する法律（平成8年法律第74号）において，条約で認められた範囲内で，我が国の法令を領海外に適用することを定めている。

また，刑法（明治40年法律第45号）は，第1条第1項で「この法律は，日本国内において罪を犯したすべての者に適用する」として，国内犯の原則を定めているが，同条第2項では「日本国外にある日本船舶又は日本航空機内において罪を犯した者についても，前項と同様とする」としている。したがって，日本の船舶と航空機内の犯罪行為については，公海上，又は他国の領土内にある場合でも，刑法が適用されることになっている。

なお，地方自治法（昭和22年法律第67号）は，第2条第1項で普通地方公共団体が地域における事務を処理すると定めているが，公の施設（普通地方公共団体が住民の福祉を増進すべくその利用に供するために設ける施設）については，第244条の3第1項で「普通地方公共団体は，その区域外においても，・・・公の施設を設けることができる」と規定している。

② 限定の例

国の法令のうち，適用の範囲が領土の全域ではなく，特定の地域に限られるものがある。

その1つが憲法第95条の定める地方自治特別法である。同条は「一の地方公共団体にのみ適用される特別法は，法律の定めるところにより，その地方公共団体の住民の投票においてその過半数の同意を得なければ，国会は，こ

れを制定することができない」と規定している。この規定に該当する現行法は 15 本あり，そのすべてが現行憲法施行直後の昭和 20 年代に制定されている。これらのうち，最初が広島平和記念都市建設法（昭和 24 年法律第 219 号）であり，最後が軽井沢国際親善文化観光都市建設法（昭和 26 年律第 253 号）である。

この地方自治特別法については，その意義について国会で議論の積み重ねがあり，単に特定の地方公共団体に適用がある法律という意味ではなく，特定の地方公共団体における組織，運営又は権限について特別の取扱いを定めるものに限られると解釈されている。このようなことから，これまでに制定された多数の地域振興立法は，適用範囲が特定の地域に限定される法律ではあるが，地方自治特別法には該当しないとされている。

地域振興立法にはさまざまなものがあるが，大別すると次のようになる。

① 沖縄振興特別措置法（平成 14 年法律第 14 号），小笠原諸島振興開発特別措置法（昭和 44 年法律第 79 号）などのように，法律自体が振興の対象地域を特定しているもの。

② 離島振興法（昭和 28 年法律第 72 号），山村振興法（昭和 40 年法律第 64 号）などのように，具体的な対象地域を一定の要件下で主務大臣に指定させる方式を採っているもの。

3. 対象者

我が国の法令は，原則として，その効力が及ぶ場所にいるすべての人に対して適用される。このような，人の所在する場所を基準として法令を適用する考え方は，属地主義の原則といわれている。これと対比されるのは，国民，住民といった人の属性を基準として法令を適用する考え方であり，属人主義といわれている。属人主義の下では，国外にいる国民にも，当該国の法令が適用されることになる。

我が国が属地主義の原則を採用していることを端的に示す規定は，先に述べた刑法第 1 条第 1 項の「この法律は，日本国内において罪を犯したすべて

の者に適用する」という規定である。また，最高裁判例は，条例の効力を属地主義の原則に基づいて認定している。最大判昭和29年11月24日は，新潟県内で新潟県の条例に違反する行為をした他県在住者を当該条例に基づいて罰した事案について，「条例の効力は当然属地的に生ずるものと解すべきである。それゆえ本県条例は，新潟県の地域内においては，この地域に来たれる何人に対してもその効力を及ぼすものといわなければならない」と判示している。

属地主義の原則については，法律や条約の規定により，又は法令の性格により，①領域外の人に対する適用と②領域内の人に対する適用除外の両面で，例外がある。

① 領域外の人に対する適用

国の法令が我が国の領域外にある人に対して適用される例としては，刑法第2条から第4条の2までの規定による国外犯処罰の例がある。これらの規定は，一定の犯罪について，日本国外で犯した者にも刑法を適用することを定めている。

このうち刑法第3条は，殺人，傷害，強盗，詐欺等の罪を日本国外で犯した日本国民に対して，刑法第4条は，収賄罪等の罪を日本国外で犯した日本国の公務員に対して，それぞれ刑法を適用することを定めているが，これらは属人主義の考え方によるものである。また，刑法第2条は，内乱罪，通貨偽造罪等の罪を日本国外で犯したすべての者に対して，刑法第3条の2は，殺人，傷害，強盗等の罪を日本国外で日本国民に対して犯した日本国民以外の者に対して，それぞれ刑法を適用することを定めているが，これらは保護主義の見地に立って，自国や自国民の利益を著しく侵害する犯罪につき，属地主義の例外を定めたものである。さらに刑法第4条の2は，条約により日本国外で犯したときであっても罰すべきものとされている罪を日本国外で犯したすべての者に対して刑法を適用することを定めている。

また，法令の中には公務員関係の法律のように，刑法のような明文の規定

がなくても，その性格に照らして，特定の属性を持つ国民につき，属人的に適用されると解すべきものがある。例えば，国家公務員は，国外に滞在する時でも国家公務員法の定める服務規定を遵守する必要があり，国外での服務義務違反の行為も，懲戒処分や罰則の対象となると解される。この点は，地方公務員についても同様である。

② 領域内の人に対する適用除外

我が国の領域内に所在する人に対して我が国の法令が適用されない例としては，いわゆる外交特権がある。外国から派遣される外交官については，外交関係に関するウィーン条約（昭和39年条約第14号）により，公館・公文書の不可侵，租税の免除，裁判権からの免除，社会保障規定の適用免除などの特権が与えられている。

また，日米安全保障条約に基づき我が国に駐留する合衆国軍隊についても，いわゆる日米地位協定により，租税の賦課をはじめ，一定の範囲内で，我が国の法令の適用が除外されている。

なお，国の法令の中には，その性格上，規律の対象がおのずから特定の人に限定されるものがある。例えば，国家公務員法や地方公務員法の規定のうち服務に関する規定は，当然のことながら公務員にしか適用されない。

第 II 編
法令解釈

1 法令解釈の意義

1. 総 説

　法令の解釈とは，法令の規定が具体の事象に対してどのように当てはまるのかを確定するために，法令の規定の意味内容を明らかにすることである。

　法令の解釈は，法令が適用されるために必要なものである。先にも述べたように，法令の適用というのは，法令の効力が個々の事象について具体的，現実的に発動し，作用することであるが，法令の適用には①事実の確定，②法令の発見又は検認，③発見又は検認した法令の解釈適用，という3つの要素があるとされている。

　法令が個々の事象に対して実際に適用される場面では，この3つが①から③の順で段階的に片付いていくとは限らない。例えば，交通事故に民法上の不法行為責任の規定がどう適用されるかについて当事者間で紛争が起こる場合には，不法行為責任に関する法令の条項（②）やその解釈に関する一般論（③の一部）については当初から当事者間に共通の認識があり，それを前提とした上で，責任の所在に関連する事実の確定（①）が争われることが多い。

　また，法令の解釈は，現に施行されている法令を具体の事象に当てはめる場面だけではなく，法令を制定する過程においても必要となる。立法は一定の事象に対して適用されるべき法規範を創造する行為であり，その過程で，制定される規定が具体の事象に対してどのように当てはまるのかを確定するために，その意味内容を明らかにしておく必要があるからである。このようにして立法の過程で明らかにされた規定の意味内容は，その法令が施行された後の段階では，規定を解釈する際の重要な考慮要素である立法者意思を形成することとなる。

2．法令解釈の担い手

　法令解釈は，法令が制定される過程と，法令が施行され適用される場面の双方で，次のようなさまざまな担い手によって行われている。

(1) 立法関係者

　法令の制定過程では，立法関係者が法令の審査や審議を通じて，立案された法令の各規定に関する解釈を確認し，立法者意思の形成に参画する。その際，憲法の規範に関係する条項があれば合憲性を確認し，下位の法令への委任があればその趣旨を明らかにするなど，法体系との整合性を含め，さまざまな観点から法案が検証され，規定の意味内容が明らかにされていく。

　この場合の立法関係者には，法律であれば立法機関の構成員である国会議員はもちろんのこと，法案の企画，立案，審査に携わるすべての関係者が含まれる。

　先に述べたように，法令の制定過程で明らかにされた規定の意味内容は，法令が施行されて具体の事象に適用される段階では，規定を解釈する際の重要な考慮要素となる。この意味で，立法と法令解釈の両者はきわめて密接に関連している。

(2) 一般私人

　施行された法令の適用を受ける一般の私人も，適用を受ける立場から当該法令を解釈する。法令が適切に執行されるためには一般私人が法令を正しく解釈できることが必要であり，法令の制定過程において立法関係者が規定の解釈を確認するのは，法令が施行された段階で，一般私人によって正しく解釈されることを期するからにほかならない。

　一般私人による法令解釈は，法令の領域に応じてさまざまな場面で行われる。例えば，私法の領域であれば，個人が各種の契約を締結する際に民法などの関連規定を解釈し，公法の領域であれば，許可制の下に置かれている業務を開始しようとする者が許可申請を行うために関連の行政法規を解釈す

る。

　このような場合に，締結した契約の履行に関して当事者間で紛争が生じ，あるいは，申請した許可が得られなかったことを不服として訴訟を提起するなど，その後の事情の推移によって法律上の争訟が生ずることがある。その際，争訟の当事者となった私人は，必要に応じ弁護士の助けを借りながら，契約の相手方や申請先の行政庁に対して関係法令の解釈適用に関する見解を主張していくことになる。

(3) 行政機関

　行政機関も法令解釈の重要な担い手であり，所管する法令を適切に執行する立場から，法令の解釈を行っている。

　憲法第73条第1号は，「法律の誠実な執行」が内閣の事務であることを定めており，内閣の下にある各行政機関は所管法令を適切に解釈し，誠実に執行することが求められている。

　行政機関が所管法令を執行するために行う法令解釈は行政解釈と呼ばれ，通達や行政実例などの形で示されることが多い。例えば，国の租税関係法規の執行責任者である国税庁長官は，国税関係法規の解釈に関する通達を各地の国税局長宛に発出しており，国税庁ではその内容をホームページ上に公開している。このような通達は国家行政組織法（昭和23年法律第120号）に根拠があり，同法第14条第2項は，「各省大臣，各委員会及び各庁の長官は，その機関の所掌事務について，命令又は示達するため，所管の諸機関及び職員に対し，訓令又は通達を発することができる」と規定している。

　国家行政組織法の規定に基づく通達は，行政機関の部内に向けて出されるものであり，部内の機関や職員がこれに基づき職務を行うことは当然のこととして，一般国民に対して法的な拘束力を及ぼすものではない。法令の最終的な解釈権は裁判所が持っており，法令の執行を受ける私人が通達の解釈に不服な場合には訴訟で争うことも可能である。他方，通達には部内の諸機関における業務執行の統一を図る機能があり，また，通達が公開された場合に

は，これを見ることによって業務執行の詳細が予見できるという効用もある。

なお，行政機関の中には，法令解釈に関する特別の権能を有する機関がある。内閣法制局は，法令事務を担う内閣直属の機関として，内閣法制局設置法（昭和27年法律第252号）の規定に基づき，法令を解釈する事務を所掌している。同法第3条は内閣法制局の事務について，内閣提出法案や政令案の審査と並んで「法律問題に関し内閣並びに内閣総理大臣及び各省大臣に対し意見を述べること」と規定しており，この法律問題には，憲法解釈の問題や各省が所管する法令の解釈に関する問題が含まれている。

(4) 裁判所

裁判所は司法権を行使する国家機関として，法令解釈を行っている。憲法第76条第1項は「すべて司法権は，最高裁判所及び法律の定めるところにより設置する下級裁判所に属する」と規定し，裁判所法（昭和22年法律第59号）第3条第1項は「裁判所は，日本国憲法に特別の定のある場合を除いて一切の法律上の争訟を裁判し，その他法律において特に定める権限を有する」と規定している。同項が規定する「日本国憲法に特別の定のある場合」とは，両議院による議員資格の争訟の裁判（憲法第55条）と国会に設けられる裁判官の弾劾裁判所（憲法第64条）のことである。

一般に，司法とは「具体的な争訟について，法を適用し，宣言することによって，これを裁定する国家の作用である」とされ，さらに，詳細な定義として「当事者間に，具体的事件に関する紛争がある場合において，当事者からの争訟の提起を前提として，独立の裁判所が統治権に基づき，一定の争訟手続によって，紛争解決のために，何が法であるかの判断をなし，正しい法の適用を保障する作用である」といわれている。このように，司法における法の適用の判断は，具体的な争訟の提起を受けて行われるものであるので，法律上の争訟としての具体的な事件がないにもかかわらず，抽象的に法令の規定に関する解釈や憲法適合性を裁判所で争うことはできないとされている。かつて，自衛隊の前身である警察予備隊に関する法令等が違憲無効であるこ

との確認を求めて出訴した事件に関し，最高裁判所は「司法権が発動するためには具体的な争訟事件が提起されることを必要とする。我が裁判所は具体的な争訟事件が提起されないのに将来を予想して憲法及びその他の法律命令等の解釈に対し存在する疑義論争に関し抽象的な判断を下すごとき権限を行い得るものではない」として，訴えを却下した（最大判昭和27年10月8日）。

　他方，具体的な争訟事件が提起された場合には，裁判所はこれを裁定するために法の適用に関する判断を行い，その前提として法令解釈を行うこととなる。これを端的に表すのが最高裁判所による違憲立法審査権の行使であり，憲法第81条は「最高裁判所は，一切の法律，命令，規則又は処分が憲法に適合するかしないかを決定する権限を有する終審裁判所である」と規定している。

2 法令解釈の手法

1. 総　説

法令解釈にはさまざまな手法があり，一般に次のように分類されている。
A　法規的解釈
B　学理的解釈
　B－1　文理解釈
　B－2　論理解釈　　(1)　拡張解釈
　　　　　　　　　　(2)　縮小解釈
　　　　　　　　　　(3)　変更解釈
　　　　　　　　　　(4)　反対解釈
　　　　　　　　　　(5)　類推解釈
　　　　　　　　　　(6)　もちろん解釈

　法規的解釈（A）は法令中に解釈の要領を示す規定があればこれに従うということであり，学理的解釈（B）はそのような規定がない場合に行う解釈の方法を総称するものである。

　文理解釈（B－1）は文理に忠実に従って解釈することであるが，成文法が法秩序を形成するために存在することからすれば，成文法に示されている文理に忠実な解釈は，法令解釈の基本となるべきものである。

　論理解釈（B－2）は論理を取り入れて解釈することであるが，この手法は文理解釈に限界が生じた場合にこれを補完し，法令の趣旨に適合する結論を導くために必要とされる場合に用いられる。論理解釈の手法には，拡張解釈，縮小解釈などさまざまなものがあるが，それらの間には一律の優先関係はなく，どの手法を採用するかは，具体の事案ごとに，関係法令の趣旨に即

した妥当な結論を導くために必要な論理は何かを考慮して決まることになる。

2. 法規的解釈

　法規的解釈とは，法令の中に解釈の要領を示す規定が置かれている場合に，その規定に従って解釈することである。

　解釈の要領を示す規定として多くの法令にみられるのは，定義規定と略称規定である。定義規定は，ある法令で用いられる言葉について，その意味内容を定義する規定である。定義される言葉にはさまざまなものがあるが，「児童」「中小事業者」「行政機関」など，日常用語として比較的なじみはあるものの，意味する具体的な範囲が必ずしも画一的に定まっていない言葉が定義されることが多い。定義規定が置かれる箇所はさまざまであるが，一般的に，法令全体にわたって頻繁に用いられるような言葉については，法令の冒頭部分（例えば第2条）に定義を専らの目的とする規定が置かれるのに対し，法令の一部分だけで用いられる言葉については，その言葉が最初に出てくる条文の中で，括弧書きにより定義される。略称規定は，字数の多い言葉や長々とした表現について略称を定めるものであり，条文中に括弧書きで表現される。

　このほか，法令の中には法令全体（又は法令中の一部の規定）について，その解釈・運用の在り方を示す規定を置いているものがある。これが解釈規定と呼ばれるものであり，この規定に従った法令の解釈は，法規的解釈の典型である。

　なお，多くの現行法は，第1条に立法の目的を表す規定を置いている。およそ法の解釈が立法の目的に適合するようになされるべきものであることからすれば，法律中の条文を解釈する際に，その指針として第1条の規定に示されている立法の目的を参酌することも，法規的解釈の1つと考えられる。

3. 文理解釈

　文理解釈とは，法令をその規定する文言の意味するところに忠実に従って解釈することであり，法令解釈の基本である。

文理解釈は条文を素直に，書いてあるとおりに理解することであるので，長い条文が読みにくいことはあるとしても，本質的には難しいものではない。**4.** で詳述する論理解釈の場合には，条文の背後にある真意を汲み取るために何らかの論理を用いる必要があり，用いるべき論理を立法の趣旨に照らして選択しなければならないが，文理解釈にはこのような難しさはない。

　法令の条文も主語，述語などの構造を持つ国語の1つであるので，文理解釈に特別な技法を要するわけではないが，読解に苦労する条文があるのも事実である。例えば，1つの文章が何行にもわたって長々と書かれているもの，文章の中に長い括弧書きが挿入されているもの，括弧書きの中に更なる括弧書き（二重括弧）があるものなどは，読みにくい条文の典型である。このような長文・複雑文の読解の困難さを和らげるには，以下のような工夫が有効である。

① 文章の頭から一語一語追いかける前に，全体を一瞥して，主語，述語，条件節などの基本構造を捉える。
② 括弧書きがあまりに長い場合には，先ず，括弧内を飛ばして読み，文意の大筋を捉える。

　条文の中に出てくる言葉の意味は，基本的には日常の文章と同様の用例・用法に従って理解すればよいが，法令用語については注意が必要である。法令用語というのは，法令の中でしか使われない言葉ではなく（むしろ，多くは日常の文章でも使われる言葉であるが），法令の中で使われる場合に意味や用法が特定される言葉のことである。

　したがって，法令用語が使われている条文の意味を正確に理解するには，法令用語の意味や用法に関する知識が必要となる。例えば，「又は」や「若しくは」は，日常の文章でも語句を並列するときに使われるが，法令の中では法令用語として特定の用法に従って使われる。この用法に関する知識がないと，条文中の語句が「又は」と「若しくは」によって，どのように並列されているのかを理解することが困難となる。例えば，暴走族を定義した次のよ

うな条例（広島市暴走族追放条例）の規定がある。

> 条文
>
> 　暴走族　暴走行為をすることを目的として結成された集団又は公共の場所において，公衆に不安若しくは恐怖を覚えさせるような特異な服装若しくは集団名を表示した服装で，い集，集会若しくは示威行為を行う集団をいう。

　この規定は多数の語句が「又は」と「若しくは」によって並列されているため複雑な構造になっているが，最も大きな並列関係に「又は」を使い，それより小さい並列関係にはすべて「若しくは」を使うという用法を知っていれば，規定の全体構造を容易に把握することができる。

　なお，条文に使われる語句のうち，法令用語ではないが一般的な用例・用法においても，文脈により異なったニュアンスで使用されるものがある。このような語句については，条文の文脈に最も適合するニュアンスは何かを考えて解釈する必要がある。例えば，平等原則を定めた憲法第14条は次のように規定している。

> 条文
>
> 　すべて国民は，法の下に平等であつて，人種，信条，性別，社会的身分又は門地により，政治的，経済的又は社会的関係において，差別されない。

　一般的に「差別」という言葉は，「人種差別を撤廃しよう」などのように，「不当な取扱いの差」という非難を込めた意味で使うことが多いが，他方で「製品の差別化を図ろう」などのように，非難するニュアンスはなく，単に「他との違い」を表す文脈で使うこともある。この憲法第14条が禁ずる差別が前者の意味であることは，条文の文脈から明らかであるが，判例上も同条が禁止する差別は「他との区別」の一切を指すものではなく，「合理的な理由に基づかない差別的な取扱い」を意味するものであると解釈されている。

4. 論理解釈の意義

　論理解釈とは，法令の規定する文言のみにとらわれず一定の論理を取り入れて法令を解釈することである。

　論理解釈に当たって取り入れるべき論理は，法の精神に立脚したものでなければならない。この場合の法の精神は，解釈の対象事案に関係する規定の立法趣旨とほぼ同義であるが，その立法趣旨の根底にある正義と公平の観念を含んだものである。

　論理解釈に関しては，結果の妥当性を考慮することが必要とされる。確かに，論理を取り入れた結果，理屈倒れの珍妙な結論になるようなことは避けなければいけないので結果の妥当性が必要なのは当然であるが，問題は結果を妥当とする根拠である。根拠を示さないまま「結果が妥当だからこう解釈すべきだ」というのは，法律論としては通用しない。そもそも解釈が難しい事案については，妥当な結果とは何かについて見解が分かれることが多い。そのような場合には，見解を導くために用いた論理とその論理が立脚する法の精神の内容を具体的に示す必要がある。

　論理解釈は，文理解釈に限界が生ずる場合にこれを補完するために必要となる。文理解釈に限界が生ずる場合というのは，ある事象に対する法令の適用に関し，条文の文言どおりに解釈して結論を出して良いのか，又は条文の文言からどのような趣旨を汲み取って結論を出せば良いのかについて疑問が生ずるような場合のことである。

　例えば，ある事象Xが一見すると条文Aにある文言Yに含まれるように見えるが，AがXを規律するのは法の趣旨に沿わないのではないかという疑問が生ずる場合がある。この場合には，文言Yの意味を縮小し，Xは含まれないと解釈することによって妥当な結論を導くことになる。また，その逆に，ある事象Wが一見すると条文Bにある文言Zに含まれないように見える場合に，Bの立法趣旨を勘案して文言Zの意味を拡張し，Wが含まれると解釈することもある。このような逆方向の解釈事例があるのは，それぞれの事象の性質と関係する法令の趣旨の違いによるものである。

文理解釈に限界が生ずる要因には2つの側面がある。第1は，法令側の要因である。法令は，適用されるべき事象を想定して制定されるが，その事象が社会全体に多様な姿で存在する場合には，法令の規定ぶりは一般的，抽象的なものとならざるを得ない。その結果，個別具体の事象が規定の対象となるかどうかが必ずしも文理からは機械的に導かれず，規定の趣旨を勘案して事象ごとに判断せざるを得ないという事情がある。第2は，適用対象側の要因である。社会事象は往々にして進化するものであり，法令の制定時に想定していた適用対象の周辺に新たな事象が出現した場合には，これを規定の対象とすべきかどうかが文理上明白ではないため，事象の性質や法令の趣旨を勘案した新たな判断が必要になるという事情もある。

　このような事情はすべての法令に多少なりとも潜在するが，適用対象が広く，新しい事象に対応した機動的な改正が実際上困難な法令ほど，文理解釈の限界が生じやすく，論理解釈による補完の必要性が高くなる。その典型は憲法であるが，法律でも，民法のように，法体系の中心に位置し，適用範囲が広汎で，実際上頻繁に改正されにくいようなものについては，論理解釈が必要となるケースが少なくない。

　論理解釈の手法の中では，変更解釈ともちろん解釈を除いた拡張解釈，縮小解釈，反対解釈，類推解釈の4つが主な手法となる。このうち拡張解釈と縮小解釈は，規定の文言を通常の意味よりも広く解釈するか，狭く解釈するかという点で対極にあり，反対解釈と類推解釈は，規定に関連する事象につき，当該規定が定めている効果と反対の効果を認めるか同様な効果を認めるかという点で対極にある。

5．論理解釈の手法

(1)　拡張解釈

　拡張解釈とは，法令の規定にある文言の意味を文字どおりの意味よりも広げて解釈することである。具体例としては，次のようなものがある。

① 憲法第 81 条

> **条文**
> 最高裁判所は，一切の法律，命令，規則又は処分が憲法に適合するかしないかを決定する権限を有する終審裁判所である。

解釈 最高裁判所の違憲立法審査権を定めた本条の中には地方公共団体が制定する法令である「条例」という文言はないが，規定の趣旨に鑑み，本条の「法律，命令」は「条例」を含むと解釈されている。

② 民法第 722 条第 2 項

> **条文**
> 被害者に過失があったときは，裁判所は，これを考慮して，損害賠償の額を定めることができる。

解釈 いわゆる過失相殺を定めた本条について，最高裁判所は，自動車事故による損害賠償請求事件に関する判決（昭和 51 年 3 月 25 日最判）において，次のように，損害の公平な分担という立法趣旨に言及した上で，本条中の「被害者」は被害者本人と一体の者を含む「被害者側」を意味するものである旨，判示した。

「民法七二二条二項が不法行為による損害賠償の額を定めるにつき被害者の過失を斟酌することができる旨を定めたのは，不法行為によつて発生した損害を加害者と被害者との間において公平に分担させるという公平の理念に基づくものであると考えられるから，右被害者の過失には，被害者本人と身分上，生活関係上，一体をなすとみられるような関係にある者の過失，すなわちいわゆる被害者側の過失をも包含するものと解される。したがつて，夫が妻を同乗させて運転する自動車と第三者が運転する自動車とが，右第三者と夫との双方の過失の競合により衝突したため，傷害を被つた妻が右第三者に対し損害賠償を請求する場合の損害額を算定するについては，右夫婦の婚姻関係が既に破綻にひんしているなど特段の事情のない限り，夫の過失を被害者側の過失として斟酌することができるものと解するのを相当とする。」

③ 刑法第 129 条第 1 項

条文

　過失により，汽車，電車若しくは艦船の往来の危険を生じさせ，又は汽車若しくは電車を転覆させ，若しくは破壊し，若しくは艦船を転覆させ，沈没させ，若しくは破壊した者は，三十万円以下の罰金に処する。

解釈　過失往来危険罪を定めた本条の中の「汽車」には，「ガソリンカー」（ガソリンを動力源として軌道を走る車両）が含まれるとした大審院の判決（昭和 15 年 8 月 22 日大判）がある。

　「汽車」が「電車以外の軌道走行車」を指すと考えれば文理解釈として当然の結論だったということになるが，この判決が出された当時はガソリンカーが新型の軌道走行車で，従来の汽車とは違うものと観念されていたことから，拡張解釈の例とされている。

(2) 縮小解釈

　縮小解釈とは，法令の規定にある文言の意味を文字どおりの意味よりも狭めて解釈することである。具体例としては，次のようなものがある。

① 憲法第 9 条

条文

　日本国民は，正義と秩序を基調とする国際平和を誠実に希求し，国権の発動たる戦争と，武力による威嚇又は武力の行使は，国際紛争を解決する手段としては，永久にこれを放棄する。
　前項の目的を達するため，陸海空軍その他の戦力は，これを保持しない。国の交戦権は，これを認めない。

解釈　日本国憲法第 9 条は，第 1 項で戦争の放棄を定め，第 2 項で戦力の不保持を定めている。自衛隊が同項の「戦力」に該当しない理由について，

政府は従来から，同条第1項は自衛権を否定する趣旨ではなく，自衛のための必要最小限度の実力を行使することは認められているとした上で，同条第2項が規定する「戦力」とは「戦う力」という文字どおりの意味ではなく，「自衛のための必要最小限度の実力を超える実力」のことであると解釈している。

② 民法第177条

> 条文
> 不動産に関する物権の得喪及び変更は，不動産登記法（平成16年法律第123号）その他の登記に関する法律の定めるところに従いその登記をしなければ，第三者に対抗することができない。

解釈　登記が不動産に関する物件変動の第三者対抗要件であることを定めた本条は，「第三者」という文言に特段の限定を付していないが，判例上，この「第三者」は文字どおり一切の第三者をさすものではなく，登記の欠缺を主張するについて正当な利益を有しない者はここでいう「第三者」には当たらない，と解釈されている。

最判昭和44年1月16日は，建物の根抵当権が消滅した事実を知りつつ当該根抵当権を被担保債権とともに譲り受けた者は，根抵当権消滅の登記がないことを理由に根抵当権の存在を主張する正当の利益を有しないことから，本条にいう「第三者」には当たらないと判示した。

(3) 変更解釈

変更解釈とは，法令の規定にある文言を変更して解釈することであり，立法上の誤りが明白であるときなどに限って例外的に認められるとされている。

この場合の立法上の誤りとは，ある条文の中で他の条文を引用する場合にうっかりして引用条文の条名を間違えるといった表記上のミスのことであるが，近年はこのようなミスを防止する取組みがなされており，変更解釈が一

般的に必要とされる状況にはない。

(4) 反対解釈

反対解釈とは、ある規定の対象事項と関連する事項について、当該関連事項が対象事項と相反する性格のものであることを理由として当該規定が定めている効果と反対の効果が生ずると解釈することである。具体例としては、次のようなものがある。

① 憲法第98条第1項

条文
> この憲法は、国の最高法規であつて、その条規に反する法律、命令、詔勅及び国務に関するその他の行為の全部又は一部は、その効力を有しない。

解釈　この規定は、日本国憲法の条規に「反する」法令、詔勅及び国務行為を対象事項とし、これらについて効力を「有しない」という効果を定めている。

ここで問題となる関連事項は、日本国憲法の条規に「反しない」法令、詔勅及び国務行為である。これらは規定対象事項と相反する性格のものであることを理由として、当該規定が定めている効果と反対の効果が生ずる、すなわち効力を「有する」と解釈されている。

最大判昭和24年4月6日は、本条に関するこのような解釈を根拠として「憲法施行前に適式に制定された法令は、その内容が憲法の条規に反しないかぎり効力を有することを認めているものと解さなければならない」と判示している。

② 民法第818条第1項

条文
> 成年に達しない子は、父母の親権に服する。

解釈 この規定は成年に達しない子を対象事項とし，父母の親権に服するという効果を定めている。

この規定の反対解釈として，「成年に達した子は父母の親権に服さない」という解釈が導かれる。

(5) 類推解釈

類推解釈とは，ある規定の対象事項と関連する事項について，当該関連事項が対象事項と類似する性格のものであることを理由として，当該規定が定めている効果と同様の効果が生ずると解釈することである。具体例としては，次のようなものがある。

① 憲法第84条

条文
> あらたに租税を課し，又は現行の租税を変更するには，法律又は法律の定める条件によることを必要とする。

解釈 この規定は「租税」の賦課徴収を対象事項とし，「法律又は法定条件によることを必要とする」という効果を定めている。

ここで問題となる関連事項は，強制徴収される「租税以外の公課」である。これについては，規定対象事項と類似する性格のものであることを理由として，当該規定が定めている効果と同様の効果が生ずる，すなわち「法律又は法定条件によることを必要とする」という趣旨が及ぶと解釈されている。

最大判平成18年3月1日は，市町村が強制徴収する公課である国民健康保険料の賦課要件の定め方が争点となった事案について，「国民健康保険料に憲法第84条の規定が直接に適用されることはない」としつつ，強制徴収される点で租税と類似する性格を有することを理由として，国民健康保険料の賦課徴収についても憲法第84条の趣旨が及ぶ，と判示している。

② 民法第 130 条

条文
　条件が成就することによって不利益を受ける当事者が故意にその条件の成就を妨げたときは，相手方は，その条件が成就したものとみなすことができる。

解釈　この規定は条件の成就により不利益を受ける者が「故意に」条件の成就を妨げたことを対象事項とし，成就したとみなす「権利を相手方に与える」という効果を定めている。この権利は，一方当事者による不当な行為から相手方を保護するために与えられているものである。

　ここで問題となる関連事項は条件の成就により利益を受ける者が「故意に」条件を成就させたことである。一見すると対象事項を裏返したような事態ともいえるが，条件の成否に関して当事者の一方が不当に介入したという点で，本質的には対象事項と類似する性格のものと考えられる。そこで，このような事態についても相手方を保護するため，この規定が定めている効果と同様な効果として，成就していないとみなす「権利を相手方に与える」という解釈が導かれる。

　最判平成 6 年 5 月 31 日はこのような関連事項に相当する事案を対象とするものであり，「条件の成就によって利益を受ける当事者である上告人が故意に条件を成就させたものというべきであるから，民法第 130 条の類推適用により，被上告人らは，本件和解条項第 2 項の条件が成就していないものとみなすことができると解するのが相当である」と判示している。

(6) もちろん解釈

　もちろん解釈は類推解釈の一種であり，ある規定の対象事項と関連する事項について，対象事項以上に当該規定が定める効果に相応しい事項であることを理由として，当該効果と同様の効果が生ずると解釈することである。具体例としては，民法第 738 条の次のような規定に関する事例がある。

> 条文
> 成年被後見人が婚姻をするには，その成年後見人の同意を要しない。

　この規定は成年被後見人の「婚姻」を対象事項とし，成年後見人の「同意を要しない」という効果を定めている。

　ここで問題となる関連事項は，成年被保佐人の「婚姻」である。成年被後見人は「事理弁識能力を欠く常況にある者」であるのに対し，成年被保佐人は「事理弁識能力が著しく不十分である者」であることから，事理弁識能力が欠如している成年被後見人でさえ婚姻に後見人の同意を要しないのであれば，わずかながらも事理弁識能力を備えている成年被保佐人について「婚姻」に保佐人の「同意を要しない」のは，なおのこと当然であると解釈されている。

3 法令解釈に当たって考慮すべき事項

　法令解釈に当たって考慮すべき事項には，次のようなものがある。
　第1は，関係法令に規定されている文言の意味内容である。これは先に述べたように，成文法の体系が存在する意義に照らして，文理解釈が解釈の基本となるべきものであることからすれば当然である。特に刑罰法規，租税法規など，国民の権利義務に重要な影響を及ぼすような法令については，法文に規定されている要件や効果を解釈するに際し，文理に対する忠実性が強く求められる。
　次に，関係規定の趣旨・目的もきわめて重要な考慮事項である。特に文理解釈を補完するため論理解釈の手法を用いる場合には，関係規定の趣旨・目的を考慮し，これに適合する手法を選択しなければならない。関係規定の趣旨・目的が条文の文言から読み取りにくい場合には，立法過程における説明や議論などを参考にすることも有益である。
　また，法令解釈に当たって常に留意すべきは，法体系全体との整合性である。特に，国民の権利を制限する内容を持った法令を解釈する際には，憲法などの上位規範との関係を考慮する必要がある。
　最判平成25年1月11日は，医薬品のネット販売を禁止した薬事法施行規則の規定を薬事法の委任の範囲を逸脱した違法なものであるとした判決であるが，ここでは関係規定の解釈に当たって，文言の意味内容及び趣旨・目的とともに，営業の自由に関する憲法規範との関係が考慮されている。
　なお，裁判所が法令の憲法適合性を判断する際には，関係規定を取り巻く諸事情の推移として国民の意識の変化や内外の立法動向などが考慮されるほか，対象事案に関する運用の積み重ねがある場合には法的安定性に一定の配慮がなされる場合がある。非嫡出子の法定相続分を差別した民法の規定を憲法違反であるとした最大決平成25年9月4日などは，その例である。

解釈変更の在り方と事例

　法令解釈については，政府や裁判所が従来からの法令解釈を変更することがある。

1. 政　府

　法律を誠実に執行すべき立場にある政府が法令の解釈・運用を恣意的に変更することは許されないが，関連する諸情勢の変化によって解釈を見直す必要が生じた場合には，規定の趣旨・目的や法体系全体との整合性を慎重に考慮した結果なお，解釈を変更することが妥当であると判断されることがあり得る。

　政府による解釈変更の事例として，憲法の文民条項に関する解釈の変更がある。すなわち，憲法第66条第2項は「内閣総理大臣その他の国務大臣は，文民でなければならない」と規定しているところ，自衛隊発足後しばらくの間，「現職の自衛官も文民である」と解釈してきたが，昭和40年に至って「現職の自衛官は武力組織に在職するものであるので，文民には該当せず，したがって国務大臣になることはできない」と解釈を変更した。

　次に掲げるのは，政府の憲法解釈変更に関する質問主意書に対する内閣の答弁書であり，憲法解釈の変更の在り方に関する政府の見解と文民の事例に関する説明が示されている。

　　「憲法を始めとする法令の解釈は，当該法令の規定の文言，趣旨等に即しつつ，立案者の意図や立案の背景となる社会情勢等を考慮し，また，議論の積み重ねのあるものについては全体の整合性を保つことにも留意して論理的に確定されるべきものであり，政府による憲法の解釈は，このような考え方に基づき，それぞれ論理的な追求の結果として示されてきたものであって，諸情勢の変化とそれから生ずる新たな要請を考慮すべきことは当然であるとしても，なお，前記のような考え方を離れて政府が自由に憲法の解釈を変更することができる

という性質のものではないと考えている。仮に、政府において、憲法解釈を便宜的、意図的に変更するようなことをするとすれば、政府の憲法解釈ひいては憲法規範そのものに対する国民の信頼が損なわれかねないと考えられる。

(中略)

御指摘の「憲法の解釈・運用の変更」に当たり得るものを挙げれば、憲法第六十六条第二項に規定する「文民」と自衛官との関係に関する見解がある。すなわち、同項は、「内閣総理大臣その他の国務大臣は、文民でなければならない。」と定めているが、ここにいう「文民」については、その言葉の意味からすれば「武人」に対する語であって、「国の武力組織に職業上の地位を有しない者」を指すものと解されるところ、自衛隊が警察予備隊の後身である保安隊を改めて設けられたものであり、それまで、警察予備隊及び保安隊は警察機能を担う組織であって国の武力組織には当たらず、その隊員は文民に当たると解してきていたこと、現行憲法の下において認められる自衛隊は旧陸海軍の組織とは性格を異にすることなどから、当初は、自衛官は文民に当たると解していた。その後、自衛隊制度がある程度定着した状況の下で、憲法で認められる範囲内にあるものとはいえ、自衛隊も国の武力組織である以上、自衛官がその地位を有したまま国務大臣になるというのは、国政がいわゆる武断政治に陥ることを防ぐという憲法の精神からみて、好ましくないのではないかとの考え方に立って、昭和四十年に、自衛官は文民に当たらないという見解を示したものである。」

(平成16年6月18日島聡衆議院議員からの政府の憲法解釈変更に関する質問主意書に対する内閣の答弁書より抜粋)

2．裁判所

裁判所が法令を解釈する際にも、規定の文言や趣旨・目的を踏まえつつ、関連する諸情勢の変化や法体系全体との整合性などを考慮した結果、解釈を変更することが適切であるとの判断に至る場合がある。

裁判所の場合には、最高裁判所による解釈変更を想定し、その審判に関する手続を定めた法規がある。次に示す裁判所法第10条の規定がそれである。最高裁判所には、15名全員の裁判官からなる大法廷と、5名の裁判官からなる小法廷があるが、同条は、大法廷で審理・裁判しなければならない場合と

して，第3号で憲法その他の法令の解釈適用に関する最高裁判例の変更を規定している。

条文
　　事件を大法廷又は小法廷のいずれで取り扱うかについては，最高裁判所の定めるところによる。但し，左の場合においては，小法廷では裁判をすることができない。
　一　当事者の主張に基いて，法律，命令，規則又は処分が憲法に適合するかしないかを判断するとき。（意見が前に大法廷でした，その法律，命令，規則又は処分が憲法に適合するとの裁判と同じであるときを除く。）
　二　前号の場合を除いて，法律，命令，規則又は処分が憲法に適合しないと認めるとき。
　三　憲法その他の法令の解釈適用について，意見が前に最高裁判所のした裁判に反するとき。

　次に示す2つの大法廷判決は，最高裁判所が解釈を変更した事例である。
　第1は，刑法の尊属殺重罰規定に関する憲法適合性の判断を変更した昭和48年4月4日最大判であり，これは，法律の規定が憲法に違反するという判断を最高裁判所が示した最初の判決でもある。この判決では，刑法が尊属殺人を普通の殺人と別の類型として規定し，刑を加重すること自体は違憲ではないとしつつ，その刑が死刑又は無期懲役に限られている点において「あまりにも厳しい」が故に不合理な差別的取扱いをするものであり，法の下の平等を定めた憲法第14条第1項に違反して無効であるとの見解を示すとともに，「この見解に反する当審従来の判例はこれを変更する」と述べている。
　違憲の理由とされた「法定刑があまりにも厳しい」という点に関し判決では，①酌量すべき情状があって刑を減軽しても執行を猶予することができないほどの厳しさであること，②尊属の側の非道な行為が発端となって起きた事例があること，③量刑の実情をみても大部分が減軽されていること，などを述べている。なお，この判決には田中二郎ほか5名の裁判官が「尊属殺人を普通の殺人と別の類型として規定すること自体が不合理な差別的取扱いで

あり，憲法第14条第1項に違反する」という趣旨の意見を述べている（多数意見と結論を異にするのが「反対意見」であるのに対し，「意見」は，多数意見の結論には賛成するが，理由に関する見解を異にするものである）。

　第2は，事業計画決定の処分性に関する行政事件訴訟法の解釈を変更した平成20年9月10日最大判である。この判決は，市町村が土地区画整理事業計画を決定したところ，その施行地区内の土地所有者が当該計画決定の取消しを求めて提訴した事案に関するものである。原審は「青写真論」と呼ばれる従来からの判例上の考え方を述べ，事業計画決定それ自体は抗告訴訟の対象となる行政処分には当たらないとして訴えを却下したが，この大法廷判決では，事業計画決定は行政事件訴訟法第3条第2項にいう「行政庁の処分その他公権力の行使に当たる行為」に当たると解するのが相当である，と判示した。

　ここで示された理由は2つあり，第1は，事業計画が決定されると，施行地区内の土地所有者は建築等の制限を受けるとともに，事業の手続に従って換地処分を受けるべき地位に立たされることから，事業計画決定は施行地区内の土地所有者の法的地位に変動をもたらすものであって，抗告訴訟の対象とするに足りる法的効果を有するものといえる，という理由である。第2は，換地処分が行われた段階で取消訴訟を提起しても，事情判決がされる可能性があり，権利の侵害に対する救済が十分に果たされるとは言いがたいので，実効的な権利救済を図るためには事業計画決定を対象とした抗告訴訟の提起を認めるのが合理的である，という理由である。本判決ではこのような理由と結論を示した後に，「これと異なる趣旨をいう最高裁判例は，いずれも変更すべきである」と述べている。

最高裁判例にみる合憲性の審査基準

　法令が憲法に適合するかどうかが争われた際に，最高裁判所が法令解釈の最終かつ最強の担い手として法令の合憲性をどのような枠組みの下で判断してきたかを理解することは，立法実務にとってきわめて重要である。例えば，経済社会のさまざまな分野で従来の秩序に影響を及ぼすような事象が発生し，これを規制するための立法を検討する場合，基本的人権に関する憲法の規定と抵触しないよう留意する必要があるが，その際，最高裁判例における合憲性の審査基準に照らして立案の内容を検証することにより当該立法が違憲無効とされるリスクを軽減することができる。この意味で最高裁判例における合憲性の審査基準は，誤りなき立法を行うための実践的な指針となる。

　憲法が定める経済的自由，精神的自由，法の下の平等の各分野に関し，こうした指針となる審査基準を示す最高裁判例には，次のようなものがある。

1．経済的自由

　経済的自由の典型は，営業の自由と財産権の保障である。

　営業の自由は，憲法第22条第1項が規定する職業選択の自由の中に含まれていると解釈されているが，絶対無制限の自由ではなく，同項に明記されているように「公共の福祉に反しない限り」保障されるものである。したがって営業の自由は公共の福祉による制約を受けるものであり，実際にも，公共の福祉のために営業の自由を規制する多数の立法措置が講じられてきている。

　こうした立法措置の中で，かつて最大判昭和50年4月30日により「憲法第22条第1項に違反し，無効である」とされたのが，当時施行されていた薬局の配置規制，すなわち薬局開設の許可申請に対して近隣に既設の薬局が在る場合に「配置の適正を欠く」として許可を与えないことができるとする規制である。この薬局の配置規制を違憲であるとした本判決は，具体の事案に

関する検討に先だって、職業の自由と許可制に関する憲法適合性の審査に関し、次のような考え方を示している。

① 職業の自由に対する規制措置が公共の福祉のために要求されるものとして是認されるかどうかは、規制の目的、必要性、内容、これによって制限される職業の自由の性質、内容及び制限の程度を検討し、これらを比較考量した上で慎重に決定されなければならない。

② 規制措置の具体的内容及びその必要性と合理性については、立法府の判断がその合理的裁量の範囲にとどまる限り尊重すべきであるが、合理的裁量の範囲については、事の性質上おのずから広狭があり、裁判所は、具体的な規制の目的、対象、方法等の性質と内容に照らして、これを決すべきである。

③ 一般に許可制は、職業選択の自由そのものに制約を課するもので、強力な制限であるから、その合憲性を肯定し得るためには、原則として、重要な公共の利益のために必要かつ合理的な措置であることを要する。

④ 許可制が、社会政策ないしは経済政策上の積極的な目的のための措置ではなく、自由な職業活動が社会公共に対してもたらす弊害を防止するための消極的、警察的措置である場合には、許可制に比べて職業の自由に対するよりゆるやかな制限である職業活動の内容及び態様に対する規制によっては目的を十分に達成することができないと認められることを要する。

①は司法審査に当たって考慮すべき事項を、②は司法審査と立法裁量との関係を示している点で意義があるが、違憲判断の背景となる考え方を明確に示しているのは③と④である。特に④には、厳しい審査基準の一例とされる「より制限的でない他の選び得る手段の基準」（LRAの基準）が示されている。本判決はこの基準を踏まえ、薬事法（当時）に規定されている他の規制措置（医薬品の品質規制、薬事監視員による立入検査、行政庁による是正命令とその違反に対する罰則など）の励行によって、不良医薬品が供給される危険の防止と

いう薬事法の立法目的は十分に達成できるはずであるとの判断を示している。このように，規制の必要性を厳しく審査したのが本判決の特徴である。

　財産権の保障は，憲法第29条第1項が「財産権は，これを侵してはならない」と規定しており，経済的自由の1つとされている。一般に，同項は私有財産制を制度として保障するとともに，国民の個々の財産上の権利を基本的人権として保障する趣旨であると解されている。他方，財産権については，同条第2項が「財産権の内容は，公共の福祉に適合するやうに，法律でこれを定める」と規定していることから，公共の福祉を図るための立法措置による規制によって制約を受けるとされており，実際にも多くの規制措置が講じられてきた。

　このような規制措置の中で，最大判昭和62年4月22日により公共の福祉に適合しない規制措置であることを理由として「憲法第29条第2項に違反し，無効である」とされたのが，共有林の分割を制限する森林法第186条の規定である。同条は，持分価格2分の1以下の森林共有者については共有物の分割請求を認める民法第256条の規定の適用を排除し，分割を請求することができないと定めていた。これを違憲であるとした本判決は，具体の事案に関する検討・判断をするに先だって，財産権に対する規制の憲法適合性に関する審査につき，次のような考え方を示している。

① 　財産権に対して加えられる規制が憲法第29条第2項にいう公共の福祉に適合するものとして是認されるべきものであるかどうかは，規制の目的，必要性，内容，その規制によって制限される財産権の種類，性質及び制限の程度等を比較考量して決すべきものである。

② 　裁判所としては，立法府がした比較考量に基づく判断を尊重すべきものであるから，立法の規制目的が公共の福祉に合致しないことが明らかであるか，又は規制目的が公共の福祉に合致するものであっても規制手段がその目的を達成するための手段として必要性若しくは合理性に欠けていることが明らかであって，そのため立法府の判断が合理的裁量の範

囲を超えるものとなる場合に限り，当該規制立法は憲法第29条第2項に違背するものとして，その効力を否定することができる。

　これらは薬事法に関する判決における①と②の考え方に対応するものであり，司法審査に当たって考慮すべき事項及び司法審査と立法裁量との関係を示している。ここで注目すべきは，立法目的が公共の福祉に合致するものであっても規制手段がその目的を達成するための手段として必要性又は合理性に欠けていることが明らかな場合には，憲法第29条第2項に違反するとの判断を司法が示すことがある，としている点である。本判決はこのような考え方を踏まえ，森林法による分割請求権の否定が，森林経営の安定という立法目的を達成するための手段としての必要性と合理性を有しているかどうかという点についてさまざまな角度から検討を加え，次のような点などを指摘した上で，手段としての合理性が認められないとの判断を示している。
　① そもそも，共有者は森林経営について相互に協力する義務を負うわけではないことなどからすると，共有の維持と森林経営の安定との間には合理的な関連性があるとはいえない。
　② 森林の細分化を防止するのであれば安定経営のために必要な最小限度の森林面積という基準があってしかるべきであるが，これを問うことなく一律に分割を認めないのは，規制手段としての合理性に欠ける。

このように，規制の合理性を厳しく審査したのが本判決の特徴である。

2．精神的自由

　精神的自由の分野では，法律の規定が憲法に反するとの判断を示した最高裁判例はないが，法令による規制措置の合憲性が争われた多くの判例があり，そこに示された合憲性の判断基準が立法実務に貴重な示唆を与えていると思われるものがある。そのような観点から2つの重要判例を取り上げて概観することとしたい。

第1は，公務員の政治的活動の自由を制限する国家公務員法の規定の合憲性が争われた最大判昭和49年11月6日（猿払事件判決）である。国家公務員法（昭和22年法律第120号）は一般職の国家公務員について，第102条第1項で「職員は，政党又は政治的目的のために，寄附金その他の利益を求め，若しくは受領し，又は何らの方法を以てするを問わず，これらの行為に関与し，あるいは選挙権の行使を除く外，人事院規則で定める政治的行為をしてはならない」と規定するとともに，この禁止に違反した者に対して第110条第1項第19号で一定の刑罰を科する旨を規定している。この禁止規定について本判決は「公務員の政治的中立性が維持されることは，国民全体の重要な利益にほかならないというべきである。したがつて，公務員の政治的中立性を損うおそれのある公務員の政治的行為を禁止することは，それが合理的で必要やむをえない限度にとどまるものである限り，憲法の許容するところである」と述べた上で，合理的で必要やむをえない限度にとどまるものかどうかを判断する基準として次の3つを示している。
① 禁止の目的が正当なものかどうか。
② 禁止の目的と政治的行為の禁止との間に合理的な関連性があるかどうか。
③ 禁止によって得られる利益と失われる利益との均衡に問題はないか。

　本判決は，政治的活動の自由を制限する国家公務員法の規定について上記の基準に照らして検討した結果，当該規定は合理的で必要やむをえない限度を超えるものではなく，表現の自由を保障した憲法第21条の規定に反するものではない，と判示している。これらの基準のうち③は，相反する2つの公益を比較衡量するという判断の枠組みであり，法的な判断を下すときによく用いられるものである。これら3基準はいわゆる猿払基準として学説上注目されており，その後の表現の自由に関する最高裁判例においても用いられている。例えば，広島市暴走族追放条例の規定が集会の自由の制限として憲法第21条に反しないかどうかが争われた最判平成19年9月18日は，この3基

準を踏まえ当該規定は憲法違反ではないとの判断を示している。

第2は、輸入禁制品を定める関税定率法の規定が広汎、不明確で表現の自由を不当に制限したものではないかが争われた最大判昭和59年12月12日である。当時の関税定率法は、第21条第1項第3号で輸入禁制品として「風俗を害すべき書籍、図画、彫刻物その他の物品」を掲げていた。この規定が不明確であるが故に違憲無効となるかどうかについて本判決は以下の結論を示している。

> 「右にいう「風俗」とは専ら性的風俗を意味し、右規定により輸入禁止の対象とされるのは猥褻な書籍、図画等に限られるものということができ、このような限定的な解釈が可能である以上、右規定は、何ら明確性に欠けるものではなく、憲法二一条一項の規定に反しない合憲的なものというべきである。」

その過程で、本判決は限定解釈につき次のような考え方を述べている。

① 「風俗を害すべき書籍、図画」等が、性的風俗を害すべきもの、すなわち猥褻な書籍、図画等を意味するものと解することができるのは、旧刑法（明治13年太政官布告第36号）が「風俗ヲ害スル罪」の章の中に書籍、図画等の表現物に関する罪として猥褻物公然陳列と同販売の罪のみを規定し、また、現行刑法上、表現物で風俗を害すべきものとして規制の対象とされるのは175条の猥褻文書、図画等のみであることから窺うことができる。

② 表現の自由を規制する法律の規定について限定解釈をすることが許されるのは、その解釈により、規制の対象となるものとそうでないものとが明確に区別され、かつ、合憲的に規制し得るもののみが規制の対象となることが明らかにされる場合でなければならず、また、一般国民の理解において、具体的場合に当該表現物が規制の対象となるかどうかの判断を可能ならしめるような基準をその規定から読み取ることができるものでなければならない。

> こうした制約を付さなければ、規制の基準が不明確であるか又は広汎

に失するため，表現の自由が不当に制限されることとなるばかりでなく，国民がその規定の適用をおそれて本来自由に行い得る表現行為までも差し控えるという効果を生むこととなる。
③　これを本件についてみると，「風俗を害すべき書籍，図画」等を猥褻な書籍，図画等のみを指すものと限定的に解釈することによって，合憲的に規制し得るもののみがその対象となることが明らかにされたものということができる。また，この規定において「風俗を害すべき書籍，図画」とある文言が専ら猥褻な書籍，図画を意味することは，現在の社会事情の下において，我が国内における社会通念に合致するものといつて妨げない。そして，猥褻性の概念は刑法175条の規定の解釈に関する判例の蓄積により明確化されており，規制の対象となるものとそうでないものとの区別の基準につき，明確性の要請に欠けるところはなく，規定をこのように限定的に解釈すれば，憲法上保護に値する表現行為をしようとする者を萎縮させ，表現の自由を不当に制限する結果を招来するおそれはないものということができる。

　ここで注目すべきは②であり，「限定解釈は無条件に許されるものではない」というメッセージと，その背景にある「規制の基準が不明確又は広汎に失する場合には，表現の自由が不当に制限され，萎縮効果を生む」という懸念が示されている。

3. 法の下の平等
　法の下の平等に関する憲法第14条の規定は，合理的な根拠に基づかない差別的取扱いを禁止する趣旨を定めたものである。ある法令の規定が特定の事項を他の事項と区別して取り扱っている場合に，区別の合理的な根拠が認められるかどうかは区別されている事項の性質，区別の内容，当該規定の立法趣旨などを勘案して判断されることになる。
　この判断は事案ごとの判断であり，区別の合理的な根拠の有無を一律に判

定する基準が判例で示されているわけではないが、法律の規定が憲法の平等原則に反すると判断した最高裁判例が多数存在するという事実は、それ自体が法令実務上の重要な留意事項となる。

また、平等原則に関する最高裁の違憲判例の中にはかつて最高裁自身が合憲であるという判断を示した規定について、当該規定に関連する諸事情が変遷したことを考察し、それを理由に「区別の合理的な根拠が失われた」という結論を示したものもある。例えば、非嫡出子の相続分を嫡出子の相続分の2分の1とする民法第900条第4号ただし書の規定が憲法の平等原則違反となるのではないかが争われた最大決平成25年9月4日は、「当該定めの合理性については、個人の尊厳と法の下の平等を定める憲法に照らして不断に検討され、吟味されなければならない」と述べた上で、次のような諸事情の変遷を指摘している。

① 我が国における家族形態の多様化やこれに伴う国民の意識の変化
② 諸外国の立法のすう勢
③ 我が国が批准した条約の内容とこれに基づき設置された委員会からの指摘
④ 嫡出子と嫡出でない子の区別に関わる法制等の変化
⑤ これまでの当審判例における度重なる問題の指摘

本判決は「これらを総合的に考察すれば、家族という共同体の中における個人の尊重がより明確に認識されてきたことは明らかであり、・・・このような認識の変化に伴い、父母が婚姻関係になかったという、子にとっては自ら選択ないし修正する余地のない事柄を理由としてその子に不利益を及ぼすことは許されず、子を個人として尊重し、その権利を保障すべきであるという考えが確立されてきているものということができる」と述べた後、「以上を総合すれば、遅くともAの相続が開始した平成13年7月当時においては、立法府の裁量権を考慮しても、嫡出子と嫡出でない子の法定相続分を区別する合理的な根拠は失われていたというべきである」と判示している。

この判例が示唆しているのは，特定の事項を区別して取り扱っている現行法令の規定については，かつて合憲とされたものであっても，関連する諸事情の変化に照らして区別の合理的な根拠を不断に検証する必要があり，検証の結果，その根拠が失われていると判断された場合には改正措置を講じなければならないということであろう。

第Ⅲ編
立法技術

はじめに

　立法技術とは「法令の書き方」に関する知見の総称であり，主な項目として次のようなものがある。
　①法令を立案する際の留意点，手順，法形式の選択など，法令実務に関する総論的な事項（**1**総説）
　②法律を立案する場合に，題名から附則に至る各部分に関して承知しておくことが必要と思われる事柄（**2**題名〜**6**附則）
　③法令における条項の構造等に関する基礎知識（**7**条項の構造等）
　④現行法を改正する場合の「改め文」の書き方等（**8**一部改正方式）
　⑤法令の規定における文字や語句の使い方（**9**用字　**10**用語）
　このうち①，③及び⑤は法令全般に通ずる事柄である。②は法律を対象に述べているが，他の法令にも共通し，④は国のすべての法令と，改め文方式を採用する地方公共団体の法令に共通するものである。

1 総　説

1. 法令立案上の留意点

　法令の立案には多くの留意すべき点があるが，特に重要なのは内容の妥当性，表記の的確性及び調整手続の履行である。

(1)　内容の妥当性

　内容の妥当性を確保するためには幾つか留意しなければならない点がある。

　第1は，憲法適合性の確認である。すべての法令は憲法を頂点とする法体系の下にある。仮に，立案した法令の規定が憲法に反するとされた場合には無効となり，立案の努力が水泡に帰するのみならず，社会に大きな混乱をもたらすこととなる。特に規制立法を立案する際には，最高裁判例が示す憲法適合性の判断基準を踏まえ，立法目的の妥当性とともに，規定する措置の手段としての必要性と合理性を十分に検討することが必要である。

　第2は，立法事実，立法目的及び立法事項の整理である。これは，社会情勢の変化に対応した政策遂行の手段として立法が必要と判断する際の基礎として必要となる。「立法事実」とは立法が必要と判断した背景となる事実であり，「立法目的」とは立法によって遂行しようとする政策の目的である。これらは，目的規定や国会審議時の提案理由説明などに示される。「立法事項」とは立法を必要とする措置の内容を表す事項である。具体的には，行為規制のような国民の権利義務を直接変動させる事項が中心となるが，行政組織の新設・改廃なども含まれる。

　第3は，憲法適合性以外の点においても関連法規との間で適切な関係を構築することである。すべての法令は法体系の下にあって，他の法令とともに我が国の法秩序を形成しており，法秩序の統一性を保持するためにはすべての法令が上下及び同位の位置にある関連法規との間で適切な関係を有してい

なければならない。上下の法令との関係では命令の規定が法律の規定の趣旨に適合していること，法律が政省令への委任を行う場合に白紙委任とならないことなどが必要であり，同位の法令との関係では，同一の政策分野に属する他の法令の規定との間で適切な連携・調整を図ること，特別法を立案する際に一般法との関係を明示することなどが必要である。

第4は，法令の円滑かつ適切な施行のために必要な配慮を加えることである。例えば，規制を変更するための法改正を行う場合に既存の法秩序との関係を考慮し，施行後に若干の猶予期間を設け，又は施行前に行われた行為に対してなお従前の例によることとするなど，一定の経過的な措置を講ずることが必要な場合がある。

(2) 表記の的確性

法令は内容が妥当であると同時に，表記が的確でなければならない。表記の的確性を確保するためには幾つか留意しなければならない点がある。

第1は，規定全体の適切な配列である。法令には，規定の配列に関する一般的なルールがあり，このルールに従って，題名から附則に至るまで規定全体を適切に配列しなければならない。

第2は，法規範の明確な表示である。法令の条文は規範であるので，規範の内容となる要件と効果を明確に表すものでなければならない。表現が曖昧なために疑義が生じたり，立案の意図が誤解されたりすることのないよう留意する必要がある。

第3は，条項の正確な引用である。条文中で他の条文を引用する際，条項名を正確に表記しなければならないのは当然のことであるが，限られた時間に複雑で膨大な法令を起案するような場合には，引用条項名をうっかり誤記するリスクが高くなるので，とりわけ細心の注意を払う必要がある。

第4は，適切な用字と用語である。用字とは，漢字，送り仮名，句読点，括弧などの字句や記号の使い方であり，用語とは，法令において意味や用法が特定される語句の使い方である。法令には用字と用語に関するルールがあ

り，これに従わなければならない。

　第5は，条文の平易化に向けた工夫である。条文は正確さを旨とするため長く複雑なものになりがちであるが，読みやすくできる場合がある。例えば，略称を用いて長い語句の繰返しを避けたり，各号列記の形式を用いて長文化を防いだり，といったことであるが，このような工夫により平易化に努めることが望ましい。

(3) 調整手続の履行

　法令の立案においては，調整手続を履行することも重要である。

　内閣提出法案の場合には，担当省庁が案文を固めて国会提出の閣議にかけるまでに次のような調整手続が必要となる。

　第1は，担当省庁内における起案と調整である。これは，各省庁内で，法案を所管する部局が起案し，関連部局との協議や大臣官房の法令審査などを経て，案を固めていく手続のことである。

　第2は，他省庁との協議である。法案は，国会提出前に他省庁との協議に付して了解を得なければならない。その際，円滑な調整を図るため関係の深い省庁には早目に協議を開始することも必要となろう。

　第3は，内閣法制局による審査である。すべての内閣提出法案は内閣法制局の審査を受けることとなっており，内容や分量によっては内閣法制局審査に相当の日数が必要となる場合がある。

　第4は，与党による審査である。与党の審査において了解を得る手続は，法案の成立を期待する政府の立場からきわめて重要である。

　所管省庁の大臣は以上の手続を経た後に法案提出閣議を請議し，内閣として国会に法案を提出する最終段階を迎えることとなる。

2．法令案作成の手順

　法令案の作成には，しかるべき手順が必要となる。次に示すのは，法案作成の典型的な手順である。

① 政策判断

　法律の立案は，何らかの政策判断に基づいて行われる。政策判断とは，例えば公益に重大な影響を与える社会事象が起こった場合に，これに対応して一定の政策を実施すべく法律の制定が必要となるといった判断である。このような政策判断により具体的な立法目的（被害者救済，公正確保，事故防止などの目的）が定まることとなる。

② 方針決定

　次に必要な手順は，中核となる法的措置と法形式に関する基本方針の決定である。中核となる法的措置に関しては，民事，刑事，行政の各措置のいずれを採用するかを立法目的に照らして決定しなければならない。法形式に関しては，新法，改正法などのうち，いずれの形式を採用するかを立法目的及び法的措置と現行法制との関係に照らして決定しなければならない。

③ 骨子策定

　基本方針を決定した後は，法案の骨子となるすべての事項を策定する段階に入る。ここでは，法律の本則に盛り込む事項として中核となる措置をはじめ，規定しようとするすべての措置の具体的な内容（対象，要件，効果など）を策定するとともに，附則に盛り込む事項として施行時期をはじめ，必要に応じて関連法規の改廃や経過措置などを策定しなければならない。このような骨子となる事項の策定により法律案要綱の内容が固まることとなる。

④ 条文作成

　骨子を策定した後は条文を作成する段階に至る。ここでは，本則と附則の各条文を，策定した骨子に基づき作成していくこととなる。法案の内容の妥当性については，基本的に①から③までの段階で必要かつ十分な検討がなされなければならないが，条文作成の段階においては，内容の妥当性を確認するとともに，先に述べた表記の的確性について細心の注意を払い，万全を期

する必要がある。

3．法形式の選択

　先に述べたように，法律を立案するためには新法，改正法などのうち，いずれの法形式を採用するかを立法目的及び法的措置と現行法制との関係に照らして決定しなければならない。例えば，ある政策分野を広く対象とする現行法がある場合に，その政策分野における一部の事象について特例措置を講ずることが立法目的であれば「・・・の特例に関する法律」といった特別法を新法として制定することが多いが，その事象の性質や措置の内容などから，一般法としての現行法にその取扱いを明示することが望ましいと判断される場合には，現行法を一部改正して特例措置を追加するという形式を採用することとなる。

　近年制定されている法律は，既に多くの分野で法制度が構築されていることを反映して全体的には改正法の形式を採るものが多いが，新法形式の法律も，毎年相当数制定されている。これまでに新法の形式が採られてきた法律には次のような類型がある。

　① 　基本法
　○○基本法という題名の法律は，原子力基本法（昭和30年法律第186号）をはじめとして現在までに相当数制定されている。基本法は特定の政策分野に必要な施策を推進することを目的とし，基本理念，国の責務，講ずべき基本的施策の内容などを定める法律である。

　② 　公的な組織を新設するための法律
　国による関与の下に，公益性の高い事務・事業を遂行する公的な組織を新設する場合にも新法が制定される。株式会社日本政策金融公庫法（平成19年法律第57号），株式会社海外交通・都市開発事業支援機構法（平成26年法律第24号）などがその例であり，組織の名称を題名とし，組織の設立，業務，国

の監督などに関する事項を定めている。

③ 特定の期間に限定した措置を定める法律

ある特定の期間を対象として臨時的、特例的な措置を定める場合にも、新法が制定される。イラクにおける人道復興支援活動及び安全確保支援活動の実施に関する特別措置法（平成15年法律第137号）（いわゆるイラク特措法）、中小企業者等に対する金融の円滑化を図るための臨時措置に関する法律（平成21年法律第96号）など、附則で自らの終期を定める限時法のほか、特定年度における特例公債の発行を認める法律、東日本大震災に対応した被災者救済・被災地復興のための措置を定める法律など、措置の内容から期間限定であることが明らかなものもある。

④ 新規の事案に対処するための法律

現行法が想定していない新規の事案に対処するための法的措置を講ずる場合にも、新法が制定されることがある。石綿による健康被害の救済に関する法律（平成18年法律第4号）、海賊行為の処罰及び海賊行為への対処に関する法律（平成21年法律第55号）などがその例である。

⑤ 特定の政策目的を推進するための立法

ある政策分野の中で特定の政策目的だけを取り出して、その強力な推進を図るための法的措置を講ずる場合にも新法が制定されることがある。中小企業のものづくり基盤技術の高度化に関する法律（平成18年法律第33号）、地方公共団体の財政の健全化に関する法律（平成19年法律第94号）などが、その例である。

4. 特殊な法形式

法形式の典型は、新たな規範を定立する新規法令と既存の規範を変更する一部改正法令であり、実際に制定される法令は大半がいずれかに属し、かつ、

後者（一部改正法令）が大きな割合を占めている。しかしながら，法令の中には両者のいずれでもない特殊な形式に属するものがある。すなわち，現行法令を廃止するための法令と，現行法令の全部を改正する法令である。法律の場合には，廃止法と全部改正法という形式がこれに該当する。

① 廃止法

現行法を廃止するために「○○法を廃止する法律」という題名を持ち，本則で「○○法は，廃止する。」と規定する法律が制定されることがある。「規範の廃止は，変更の一種である」という理屈もあり得るが，廃止法は一部改正法と違って法規範を消滅させるものであることから，新法や一部改正法と並ぶ，いわば第3の法形式であると位置づけるのが妥当であろう。

② 全部改正法

現行法の全部を改正することは「既存の法規範の変更」の一種ではあるが，改正が法規範の全体に及ぶことから，実質的には新法を制定して現行法を廃止するのと類似した性格を持っている。

全部改正法の形式には，このような性格に起因して，次のように一部改正法とは異なる点がある。

第1は，題名の付け方である。全部改正法は改正法の一種であるにもかかわらず，「○○法の全部を改正する法律」ではなく，単に「○○法」という新法と同じような題名とすることになっている。

第2は，改正規定の書きぶりである。一部改正法の場合には，本則の冒頭に「○○法の一部を次のように改正する。」という改正文が置かれ，それに続いて個々の条項等の改正規定（いわゆる「改め文」）が置かれるが，全部改正法の本則では冒頭の改正文はなく，全部改正後の規定がそのままの形で示される。したがって全部改正法は，本則も新法と同様な外観を呈している。

第3は，法律番号の付け替えである。一部改正の場合には改正対象法の法律番号は変わらないが，全部改正の場合には法律番号が新しく付け替えられ

る。これも題名や本則の書きぶりと同様に、全部改正法の実質的な性格が新法に近いことを示すものである。

　他方、全部改正法は形式的にはあくまでも改正法であり、新法の制定と現行法の廃止を組み合わせたものではないため、新法とは異なり、題名と本則の間に「○○法の全部を改正する。」という制定文が記載される。また、全部改正法の場合には、現行法の規定が全部改正法の本則に示された規定にすべて置き換わることとなるため、新法の場合のように附則で現行法の廃止を規定するといったことはない。

　法制度を変更する場合に、全部改正法という形式を採るか、新法を制定して附則で現行法を廃止するという形式を採るかは、制度変更の趣旨や程度を総合的に勘案して決定されることになる。判断が微妙なケースもあるが、内容の変更が全面的ではあっても、現行法が規定している制度の根幹を維持する趣旨を明らかにする場合には全部改正法の形式を採用するというのが一般的な考え方である。

　法律の全部改正（及び法律番号の付け替え）には、次のような例がある。
- 警察法（昭和22年法律第196号）→（昭和29年法律第162号）
- 教育基本法（昭和22年法律第25号）→（平成18年法律第120号）
- 統計法（昭和22年法律第18号）→（平成19年法律第53号）
- 行政不服審査法（昭和37年法律第160号）→（平成26年法律第68号）

5. 法令の構成に関する原則

　法令の規定を題名から附則に至るまで適切に構成するためには、次のような法令の構成に関する原則に従わなければならない。

① 　冒頭に、題名を付ける。
② 　本則、附則の順に、条項を規定する。
③ 　本則では立法目的に直結する事項を規定し、附則では本則の規定事項に付随する事項を規定する。
④ 　本則及び附則の条文が複数ある場合には、各条文に条名（第○条）を

付けるとともに、条名の前に見出しを付ける（本則及び附則に条を置かず、項のみを置く場合に項が複数あるときは、第1項から順次、項番号を付ける）。

⑤　本則が多数の条文から成る場合には、章、節等に区分し、目次を本則の前に置く。

⑥　新法（及び全部改正法）における本則の規定は、総則的な規定、立法目的を実現するために直接必要な措置を定める実体的規定、雑則的な規定、罰則の順に配列する。

⑦　法律における附則の規定は、施行期日、他法の廃止、経過措置、他法の改正、検討条項といった順に配列する。

⑧　本則及び附則の各条文は、長さや内容に応じて、項に分け、2番目以降の項には項番号を付ける。

2 題名

1. 題名の付け方

　法律を制定するときには題名を付けなければならない。題名は、法律の冒頭の1行目に3字分空けてから（法律は縦書きなので、3字分下げた位置から）、表記する。

　題名は、法令を特定する機能とともに、法令がいかなる内容のものであるかを表示する機能を持っている。一部改正法の場合には「○○法の一部を改正する法律」というように題名が一義的に決まるが、新法の場合には「○○法」「○○に関する法律」といった題名を付けるに当たり、内容をどのように表現するかについて判断を要することがある。

　題名は内容表示の機能という観点から、法律全体の内容を正確に、かつ簡潔に表すものであることが望ましいが、正確さと簡潔さは二律背反的な面がある。

　例えば、テロ対策特別措置法という通称で呼ばれていた法律の正式な題名は大変長く「平成十三年九月十一日のアメリカ合衆国において発生したテロリストによる攻撃等に対応して行われる国際連合憲章の目的達成のための諸外国の活動に対して我が国が実施する措置及び関連する国際連合決議等に基づく人道的措置に関する特別措置法　（平成13年法律第113号）」と、100字を超えるものであった。この法律は、平成19年11月2日に失効し、その後はこれほど長い題名の法律はないが、正確さと簡潔さの両立が難しいことを示す一例である。

　題名には「等」を用いたものが多い。例えば銃砲刀剣類所持等取締法（昭和33年法律第6号）は、銃砲刀剣類について所持以外にも、譲渡しや譲受けなどを取締の対象としているが、これらを「等」に含めて表現することによ

り題名が簡潔になっている。所持以外の取締対象は条文を読めばわかることであり，簡潔さを旨とする題名としては「所持等」という表記で十分であろう。

　法律の題名には，新法，一部改正法などの法形式に対応して，次のような類型がある。

(1)　新法の場合
　法律の内容を正確に，かつ簡潔に表すことを旨として「○○法」又は「○○に関する法律」とする。
　〔例１〕労働契約法（平成19年法律第128号）
　〔例２〕雇用の分野における男女の均等な機会及び待遇の確保等に関する
　　　　　法律（昭和47年法律第113号）

(2)　一部改正法の場合
　改正対象法の数に応じて，次のようにするのが基本である。
　　１本の場合：「○○法の一部を改正する法律」
　　２本の場合：「○○法及び○○法の一部を改正する法律」
　　３本以上の場合：「○○法等の一部を改正する法律」

(3)　廃止法の場合
　「○○法を廃止する法律」とする。
　〔例〕独立行政法人日本万国博覧会記念機構法を廃止する法律（平成25年
　　　　法律第19号）

(4)　全部改正法の場合
　「○○法」又は「○○に関する法律」と，全部改正した法律の題名（題名を改正した場合には改正後の題名）のみを表記する。
　〔例１〕法の適用に関する通則法（平成18年法律第78号）

〔例2〕行政不服審査法（平成26年法律第68号）

※〔例1〕のケースでは，法例（明治31年法律第10号）を全部改正した際に題名をこのように改正した。

2. 題名と件名

既に述べたように，昭和22年頃以前に題名が付けられなかった法律を特定するために，公布文中の語句が件名として使用されている。

件名の例としては「決闘罪ニ関スル件」（明治22年法律第34号），「立木ニ関スル法律」（明治42年法律第22号）といった明治期に制定された法律がある。このほか昭和の終戦直後に制定された独占禁止法（昭和22年法律第54号）の正式名称である「私的独占の禁止及び公正取引の確保に関する法律」も，題名ではなく件名である。

題名が法律の一部であるのに対して，件名は便宜的な名称であって法律の一部ではないことから，両者の法文上の取扱いには次のような差異がある。

第1は，引用される場合の差異である。題名又は件名の中に片仮名がある法律（例えば，公益信託ニ関スル法律（大正11年法律第62号）という題名の法律，立木ニ関スル法律（明治42年法律第22号）という件名の法律）を現在の平仮名書きの法律の中で引用する場合，題名は法律の一部であるため片仮名書きのままとするのに対し，件名は便宜的な名称に過ぎないため，地の条文に合わせて平仮名に置き換えて表記することになる。

第2は，改正手続に関する差異である。題名のある法律を改正する場合には，改正後の法律の内容と題名に乖離が生じないよう，必要があれば必ず題名を改正する旨の規定を置く。これに対して題名のない法律を改正し，改正後の法律の内容と件名に乖離が生じた場合には，件名が法律の一部ではないため当該法律で件名を改正することはできないが，当該法律を引用する他法の規定では，当該法律の件名を改正後の内容に合致するよう，変更することができる。例えば，金融機関の信託業務の兼営等に関する法律（昭和18年法律第43号）（以下の説明では「兼営法」と称する。）は，昭和18年に制定された

当初は題名がなく、件名が「普通銀行ノ貯蓄銀行業務又ハ信託業務ノ兼営等ニ関スル法律」というものであったが、昭和56年に、銀行法の施行に伴う関係法律の整備等に関する法律（昭和56年法律第61号）第12条により、兼営法について貯蓄銀行業務の兼営に関する規定を削除する改正がなされた際、兼営法の改正では件名の改正ができなかったが、改正後の兼営法を引用する他法（具体的には、金融機関の合併及び転換に関する法律（昭和43年法律第86号））の規定では、兼営法の件名を改正後の内容に合致するよう、「普通銀行の信託業務の兼営等に関する法律」と変更した。兼営法は、その後、平成4年に、信託業務の兼営を認める範囲を普通銀行から金融機関に拡大する改正が行われたが、その際にも、兼営法を引用する他法の規定では、兼営法の件名を改正後の内容に合致するよう、「金融機関の信託業務の兼営等に関する法律」と変更した。

　なお、題名のない法律に題名を付与する場合には、題名を付与する旨の規定が必要となる。兼営法は、その一例でもあり、同法は、平成18年に、信託法の施行に伴う関係法律の整備等に関する法律（平成18年法律第109号）第14条による改正において、「金融機関の信託業務の兼営等に関する法律」という題名を付与する旨の規定が置かれ、現在では、題名のある法律となっている。

3 制定文

　全部改正法の場合には題名の次に「○○法の全部を改正する。」という制定文が置かれる。この制定文も法律の一部である。制定文は題名の次の行に1字分空けてから（すなわち，1字分下げた位置から）表記する。

　法律の場合，全部改正法以外の形式では制定文は置かれないが，政令の場合には制定の根拠となる法律との関係を示すために，必ず題名の次に制定文が置かれることとなっている。
　ちなみに，政令の制定文は，次のようなものである。

- 　内閣は，○○法（平成○○年法律第○○号）第○条第○項の規定に基づき，（及び同法を実施するため，）この政令を制定する。
- 　内閣は，○○法（平成○○年法律第○○号）の施行に伴い，この政令を制定する。

　政令の制定文の中にある「規定に基づき」は委任の根拠を示すものであり，「実施するため」は実施政令であることを示すものである。「施行に伴い」というのは，政令中に引用する法律の条項が法改正によって移動した場合に，その条項名を変更する形式的な改正を行うことを示すものである。
　このほか，政令にも法律と同様に廃止政令と全部改正政令があり，これらの制定文は，それぞれ次のようなものとなる。

- 　内閣は，○○法（平成○○年法律第○○号）の廃止に伴い，この政令を制定する。
- 　内閣は，○○法（平成○○年法律第○○号）第○条第○項の規定に基づき，○○令（平成○○年政令第○○号）の全部を改正するこの政令を制定する。

なお，政令の制定文に引用されている法律の題名や条項名が政令制定後に改正されることがあるが，その場合でも，制定文は制定当時の根拠を示すものであるという考え方により，制定文中の題名や条項名は改正せず制定当時のままにするという取扱いになっている。

4 目　次

　法令の本則が多数の条文から成る場合には，章，節などに区分され，目次が本則の前に置かれる。目次には，法令全体の構成を一覧的に把握できるという意義がある。

　章節等の区分に当たっては「章」を最も基本的な区分の単位とし，その細分を「節」，節の細分を「款」，款の細分を「目」とするのが原則であるが，特に大部の法令の場合には「章」の上に「編」という特別な大区分を設けることがある。例えば，民法，会社法，地方自治法，所得税法などの法律には編の区分が設けられている。

　目次の表記に当たっては，次の例にあるように最初に自らを「目次」と，行の冒頭（すなわち，行の最上段）に表記した上で，次の行から本則における章等の各区分と附則を順次表記する。その際，章と附則は1字分，節はさらに1字分，款はさらに1字分と，下げた位置から表記し，また，本則の最小単位となる区分ごとに，属する条文の範囲を括弧書きで示すことになっている。この条文範囲の表示は法令中の特定の条文を探す際の手がかりとなることから，目次は全体構成の把握とともに，条文検索の便宜にも資するものとなっている（ただし，地方自治法，労働基準法など，古い時期に制定された法律の中には，目次中に条文範囲の表示がないものがある）。

　なお，目次中の「附則」については附則に複数の条文がある場合でも条文の範囲を示さず，また，法律の末尾に別表や付録がある場合でも目次にはその旨を表記しないという取扱いになっている。

> **例**
>
> **育児休業，介護休業等育児又は家族介護を行う労働者の福祉に関する法律（平成三年法律第七十六号）**
>
> 目次
> 　　第一章　総則（第一条―第四条）
> 　　第二章　育児休業（第五条―第十条）
> 　　第三章　介護休業（第十一条―第十六条）
> 　　第四章　子の看護休暇（第十六条の二―第十六条の四）
> 　　第五章　介護休暇（第十六条の五―第十六条の七）
> 　　第六章　所定外労働の制限（第十六条の八・第十六条の九）
> 　　第七章　時間外労働の制限（第十七条―第十八条の二）
> 　　第八章　深夜業の制限（第十九条―第二十条の二）
> 　　第九章　事業主が講ずべき措置（第二十一条―第二十九条）
> 　　第十章　対象労働者等に対する国等による援助（第三十条―第五十二条）
> 　　第十一章　紛争の解決
> 　　　第一節　紛争の解決の援助（第五十二条の二―第五十二条の四）
> 　　　第二節　調停（第五十二条の五・第五十二条の六）
> 　　第十二章　雑則（第五十三条―第六十一条）
> 　　第十三章　罰則（第六十二条―第六十六条）
> 　　附則

5 本　則

1. 総　説

　本則は法令の立法目的に直結する事項を定める部分であり，法令の本体となる部分である。他の部分との関連でいえば，題名，制定文，目次の次に表記され，附則や別表等の前にある部分ということになる。

　本則の場合には，冒頭に「本則」と表記されることはなく，この点で目次や附則とは異なっている。ただし，本則という概念と範囲は明確であり，改正法令において改正箇所を示す文言として「本則に」「本則中」といった文言が使われることがある。

　例えば，不当景品類及び不当表示防止法等の一部を改正する等の法律（平成26年法律第71号）第1条の末尾に次のような規定がある。

> 条文
> 　第一条　不当景品類及び不当表示防止法（昭和三十七年法律第百三十四号）の一部を次のように改正する。
> 　　　　　　　　　　　（略）
> 　本則に次の一条を加える。
> 　第二十一条　第十条第三項の規定に違反して，情報を同項に定める目的以外の目的のために利用し，又は提供した適格消費者団体は，三十万円以下の過料に処する。

　この中の「本則に次の一条を加える。」という文言は，本則中の最後の条文として1条を追加することを示すものである。

　法律の本則に配列する規定の種類と順序は，次のとおりである。

① 総則的な規定
  - 目的規定
  - 定義規定
  - その他法律全体の共通的な事項を定める規定
② 実体的な規定
  - 立法目的を実現するために直接必要となる法的措置を定める中核的な規定
③ 雑則的な規定
  - 実体的な規定に関連する雑則的な規定
④ 罰則に関する規定
  - 実体的な規定等の実効性を確保するために必要な罰則を定める規定

なお，本則の規定事項が少ない場合に本則を項だけから構成し，条を置かないことがある。この場合に，項が1つのときには項番号を付けないが，項が複数のときには，次のように，第1項から順次，項番号を付ける。

> **例**
>
> **元号法（昭和五十四年法律第四十三号）**
>
> 1　元号は，政令で定める。
> 2　元号は，皇位の継承があつた場合に限り改める。

2. 前　文

前文は法令本則の冒頭で，立法の理念や趣旨を述べる文章である。前文も法令の一部であり，目次がある場合にはその中で「前文」と表記されるほか，前文を改正する場合にはそのための改正規定が必要となる。

憲法には有名な前文が置かれているが，法律の場合には第1条の目的規定に立法趣旨が定められることもあって，前文は一般的に置かれるものとはされていない。

前文のある法律としては，男女共同参画社会基本法（平成11年法律第78号），教育基本法（平成18年法律第120号）などの基本法のほか，国立国会図書館法（昭和23年法律第5号），原子爆弾被爆者に対する援護に関する法律（平成6年法律第117号）などの例もある。警察法にはかつて前文が置かれていたが，昭和29年に全部改正された際，前文の趣旨を取り入れた目的規定が設けられるとともに前文が削除された。

3．総則的な規定

総則的な規定は，本則のはじめに（章立てになっている場合には「第1章　総則」の中に）置かれる規定であり，目的規定，定義規定，その他法律全体に共通する事項を定める規定という順に配列される。

(1) 目的規定

目的規定は立法の目的を表す規定である。近年制定された多くの新法は，第1条を目的規定としている。目的規定は立法の目的を表し，他の条文を解釈する際の指針となるものであることから，きわめて重要な条文である。

目的規定の書き方は次のように「・・・を定めることにより，・・・を図る（に資する）ことを目的とする。」とするのが一般的である。

> **例**
>
> **行政手続等における情報通信の技術の利用に関する法律**
> **（平成十四年法律第百五十一号）**
>
> （目的）
> 第一条　この法律は，行政機関等に係る申請，届出その他の手続等に関し，電子情報処理組織を使用する方法その他の情報通信の技術を利用する方法により行うことができるようにするための共通する事項を定めることにより，国民の利便性の向上を図るとともに，行政運営の簡素化及び効率化に資することを目的とする。

目的規定の中には次のように「定めることにより，」の前に，制定の動機と

して「・・・に鑑み，」と書き，いわゆる立法事実を示すものもある。

> **例** 東日本大震災復興基本法（平成二十三年法律第七十六号）
>
> （目的）
> 第一条　この法律は，東日本大震災が，その被害が甚大であり，かつ，その被災地域が広範にわたる等極めて大規模なものであるとともに，地震及び津波並びにこれらに伴う原子力発電施設の事故による複合的なものであるという点において我が国にとって未曾有の国難であることに鑑み，東日本大震災からの復興についての基本理念を定め，並びに現在及び将来の国民が安心して豊かな生活を営むことができる経済社会の実現に向けて，東日本大震災からの復興のための資金の確保，復興特別区域制度の整備その他の基本となる事項を定めるとともに，東日本大震災復興対策本部の設置及び復興庁の設置に関する基本方針を定めること等により，東日本大震災からの復興の円滑かつ迅速な推進と活力ある日本の再生を図ることを目的とする。

　目的規定は通常，上記の例のように「この法律は，・・・を目的とする。」と「法律」を主語にしているが，公的な組織を新設するための法律の場合には，次のように新設する組織を主語にすることとなっている。

> **例** 地方公共団体情報システム機構法（平成二十五年法律第二十九号）
>
> （目的）
> 第一条　地方公共団体情報システム機構は，地方公共団体が共同して運営する組織として，住民基本台帳法　（昭和42年法律第81号），電子署名に係る地方公共団体の認証業務に関する法律　（平成14年法律第153号）及び行政手続における特定の個人を識別するための番号の利用等に関する法律　（平成25年法律第27号）の規定による事務並びにその他の地方公共団体の情報システムに関する事務を地方公共団体に代わって行うとともに，地方公共団体に対してその情報システムに関する支援を行い，もって地方公共団体の行政事務の合理化及び住民の福祉の増進に寄与することを目的とする。

　なお，法律の中には次のように，第１条を目的規定ではなく，趣旨規定と

するものがある。趣旨規定は法律が定める事項の内容を示し、法律全体の性格を表す点において目的規定と類似する面があるが、政策面での立法目的を表記せず、末尾の表現を「・・・を定めるものとする。」とする点で、目的規定と異なっている。第1条を趣旨規定とする法律としては、所得税法や関税法などの税法のほか、特別措置を定める法律などにも例がある。

> **例**
>
> **借地借家法（平成三年法律第九十号）**
>
> （趣旨）
> 第一条　この法律は、建物の所有を目的とする地上権及び土地の賃借権の存続期間、効力等並びに建物の賃貸借の契約の更新、効力等に関し特別の定めをするとともに、借地条件の変更等の裁判手続に関し必要な事項を定めるものとする。

(2) 定義規定

　定義規定は、法令中の語句の意味を定義する規定である。総則の章を設ける法律の中には、第2条を定義規定とするものが少なくない。定義される語句にはさまざまなものがあるが、「行政機関」「行政文書」「金融機関」「中小企業者」「児童」など、日常よく使われる一方で、具体的に意味する範囲が必ずしも明らかでないものが多く、これを定めるのが定義規定の役割である。

> **例**
>
> **行政機関の保有する情報の公開に関する法律**
> **（平成十一年法律第四十二号）**
>
> （定義）
> 第二条　この法律において「行政機関」とは、次に掲げる機関をいう。
> 　一　法律の規定に基づき内閣に置かれる機関（内閣府を除く。）及び内閣の所轄の下に置かれる機関
> 　　　　　　　　（第2号から第6号まで省略）
> 　2　この法律において「行政文書」とは、行政機関の職員が職務上作成し、又

> は取得した文書，図画及び電磁的記録（電子的方式，磁気的方式その他人の知覚によっては認識することができない方式で作られた記録をいう。以下同じ。）であって，当該行政機関の職員が組織的に用いるものとして，当該行政機関が保有しているものをいう。ただし，次に掲げるものを除く。
>
> （以下省略）

　なお，総則における定義規定以外の条文の中で括弧書きによって語句を定義する方式があり，次のような2通りの書き方が用いられる。
　①　・・・・（以下「○○」という。）
　②　○○（・・・・をいう。以下同じ。）

　ここでは「○○」が定義された語句で，「・・・・」がその語句の内容を定めた文章ということになる。
　この方式は長い語句の略称を定める場合にも用いられることがあり，この場合には「○○」が略称で，「・・・・」が略称を正式に表したときの表現ということになる。
　このような条文中の定義規定と略称規定は書き方が同じであるが，定義規定が語句の意味を確定するために設けられるのに対し，略称規定は長い表現の繰返しを避けるために設けられる。
　次に示す株式会社国際協力銀行法（平成23年法律第39号）第26条第2項では，条文中の括弧書きによる定義規定と略称規定の双方が用いられている。

> **例**
>
> **株式会社国際協力銀行法（平成二十三年法律第三十九号）**
> **第二十六条第二項**
>
> 　会社は，毎事業年度終了後三月以内に，その事業年度の貸借対照表，損益計算書，財産目録（以下「貸借対照表等」という。）及び事業報告書（これらの書類に記載すべき事項を記録した電磁的記録（電子的方式，磁気的方式その他人の知覚によっては認識することができない方式で作られる記録であって，電子計算機による情報処理の用に供されるものとして財務大臣が定めるものをいう。以下同じ。）を含む。）を財務大臣に提出しなければならない。

　定義規定の中には，次の例の下線部に示すように定義の範囲を特定の条項に限定するものがある。この場合に，限定した条項以外の条項で同じ語句が使われているときは，この定義規定が及ばず，他の定義規定によって定義された意味，あるいは語句本来の一般的な意味となる。

> **例**
>
> **行政機関の保有する個人情報の保護に関する法律**
> **（平成十五年法律第五十八号）**
>
> （開示請求の手続）
> 第十三条　（第1項及び第2項省略）
> 3　行政機関の長は，開示請求書に形式上の不備があると認めるときは，開示請求をした者（以下「開示請求者」という。）に対し，相当の期間を定めて，その補正を求めることができる。この場合において，行政機関の長は，開示請求者に対し，補正の参考となる情報を提供するよう努めなければならない。
> （保有個人情報の開示義務）
> 第十四条　行政機関の長は，開示請求があったときは，開示請求に係る保有個人情報に次の各号に掲げる情報（以下「不開示情報」という。）のいずれかが含まれている場合を除き，開示請求者に対し，当該保有個人情報を開示しなければならない。
> 　一　<u>開示請求者（第十二条第二項の規定により未成年者又は成年被後見人の法定代理人が本人に代わって開示請求をする場合にあっては，当該本人をいう。次号及び第三号，次条第二項並びに第二十三条第一項において同じ。）</u>の生命，健康，生活又は財産を害するおそれがある情報

> (裁量的開示)
> 第十六条　行政機関の長は，開示請求に係る保有個人情報に不開示情報が含まれている場合であっても，個人の権利利益を保護するため特に必要があると認めるときは，開示請求者に対し，当該保有個人情報を開示することができる。

　条文を平易化する工夫の1つとして，次の例に示すように条文中の語句を後の項で定義することがある。この場合，語句を初出の箇所（第1項中）で定義すると，定義のための長文の括弧書きが挿入され，きわめて読みにくい条文となってしまうため，第2項を設け，そこで定義することとしている。

> **例**
> 　　　　**資金決済に関する法律（平成二十一年法律第五十九号）**
> 　（履行保証金の供託）
> 第四十三条　資金移動業者は，一月を超えない範囲内で内閣府令で定める期間ごとに，当該期間における要履行保証額の最高額（第四十七条第一号において「要供託額」という。）以上の額に相当する額の履行保証金を，当該期間の末日（同号において「基準日」という。）から一週間以内に，その本店（外国資金移動業者である資金移動業者にあっては，国内における主たる営業所。第四十八条において同じ。）の最寄りの供託所に供託しなければならない。
> 2　前項の「要履行保証額」とは，各営業日における未達債務の額（資金移動業者がその行う為替取引に関し負担する債務の額であって内閣府令で定めるところにより算出した額をいう。以下この章において同じ。）と第五十九条第一項の権利の実行の手続に関する費用の額として内閣府令で定めるところにより算出した額の合計額（その合計額が小規模な資金移動業者がその行う為替取引に関し負担する債務の履行を確保するために必要な額として政令で定める額以下である場合には，当該政令で定める額）をいう。

(3)　その他の規定

　総則の中には，理念規定，責務規定，解釈規定など，目的規定や定義規定ほど一般的ではないが，法律の性格に応じて法律全体の共通的な事項を定め

る規定が置かれる場合がある。

　理念規定というのは、法律の目的や運用の在り方に関する基本的な理念を示す規定である。次の例に示す理念規定では、法の運用の在り方に関する基本的な理念を示している。

> **例**
>
> **育児休業，介護休業等育児又は家族介護を行う労働者の福祉に関する法律（平成三年法律第七十六号）**
>
> （基本的理念）
> 第三条　この法律の規定による子の養育又は家族の介護を行う労働者等の福祉の増進は、これらの者がそれぞれ職業生活の全期間を通じてその能力を有効に発揮して充実した職業生活を営むとともに、育児又は介護について家族の一員としての役割を円滑に果たすことができるようにすることをその本旨とする。
> 2　子の養育又は家族の介護を行うための休業をする労働者は、その休業後における就業を円滑に行うことができるよう必要な努力をするようにしなければならない。

　責務規定というのは、立法目的の実現に向けた主要関係者の責務を定める規定である。この規定によって責務が課される主要関係者としては、次の例に示すように国や地方公共団体が一般的である。

> **例**
>
> **住民基本台帳法（昭和四十二年法律第八十一号）**
>
> （国及び都道府県の責務）
> 第二条　国及び都道府県は、市町村の住民の住所又は世帯若しくは世帯主の変更及びこれらに伴う住民の権利又は義務の異動その他の住民としての地位の変更に関する市町村長（特別区の区長を含む。以下同じ。）その他の市町村の執行機関に対する届出その他の行為（次条第三項及び第二十一条において「住民としての地位の変更に関する届出」と総称する。）がすべて一の行為により行われ、かつ、住民に関する事務の処理がすべて住民基本台帳に基づいて行われるように、法制上その他必要な措置を講じなければならない。

解釈規定というのは，法律の解釈や運用の指針となるような事項を定める規定である。法律の性格によっては，適用の限界を示し，拡張解釈を戒める内容のものがある。具体例としては次のようなものがある。

例1 　　地方自治法（昭和二十二年法律第六十七号）第二条第十二項

　地方公共団体に関する法令の規定は，地方自治の本旨に基づいて，かつ，国と地方公共団体との適切な役割分担を踏まえて，これを解釈し，及び運用するようにしなければならない。この場合において，特別地方公共団体に関する法令の規定は，この法律に定める特別地方公共団体の特性にも照応するように，これを解釈し，及び運用しなければならない。

例2 　　破壊活動防止法（昭和二十七年法律第二百四十号）

（この法律の解釈適用）
第二条　この法律は，国民の基本的人権に重大な関係を有するものであるから，公共の安全の確保のために必要な最小限度においてのみ適用すべきであつて，いやしくもこれを拡張して解釈するようなことがあつてはならない。

4．実体的な規定

　総則的な規定の次には，実体的な規定が配列される。この場合の実体的な規定とは，立法目的を実現するために直接的に必要な法的措置を定める規定のことである。

　実体的な規定には法律の目的や性格によってさまざまなものがあり，総則の目的規定のように多くの法律に共通する規定の類型があるわけではないが，一般的な言い方をすれば，国民の権利義務を直接的に変動させるような措置が実体的な規定として定められる。

　立法目的を実現するために必要な措置には，民事，行政，刑事の各措置があり，公益を害する特定の行為に対処するための立法であれば，当該行為を禁止する規定を設けた上で，以下に挙げるメニューの中から，しかるべき措

置を採用するといったことが考えられる。

① 民事上の措置として，当該行為の被害者が損害賠償請求を行うための要件を緩和する。
② 行政上の措置として，所管行政庁が違反行為者を名宛人として，是正措置命令を発出する権限を設ける。
③ 刑事上の措置として，違反行為者又は行政命令に従わなかった者を処罰の対象とする。

このうち，刑事上の措置は，通常罰則として本則の最後に置かれるので，これ以外の措置が（当該行為を禁止する規定とともに）本則における実体的な規定として定められることとなる。また，措置の採用は択一ではなく，立法目的を実現するために必要と判断された場合には複数の措置が採られることもある。

5. 雑則的な規定

雑則的な規定は，実体的な規定の次に（章立てになっている場合には，「雑則」と題する章の中に）置かれる。その内容は法律によりさまざまであるが，特殊な事象に対する適用除外の措置などが定められたり，行政法規の場合には，報告の徴収，立入検査，審議会への諮問，権限の委任など，行政権限の行使に関連する規定が定められたりすることが多い。

このうち，報告の徴収や立入検査の規定については，実体的な規定の1つとして「雑則」ではなく，「監督」などの章に置く法律（宅地建物取引業法（昭和27年法律第176号），銀行法（昭和56年法律第59号）など）もあるが，いずれにせよ，これらは義務を課し，権利を制限する規定であるので，報告検査の主体，客体及び対象事項を明確に定める必要がある。

また，立入検査の規定には，次のように，職員による身分証明書の携帯・提示義務と「犯罪捜査のために認められたものと解釈してはならない」とする条項が付加されるのが通例である。後者は，立入検査が運用上，憲法第35条の規定の趣旨に抵触することとならないよう，解釈の指針を示すものである。

> **例**
>
> **使用済小型電子機器等の再資源化の促進に関する法律**
> **（平成二十四年法律第五十七号）**
>
> （立入検査）
> 第十七条　主務大臣は，この法律の施行に必要な限度において，その職員に，認定事業者等の事務所，工場，事業場又は倉庫に立ち入り，帳簿，書類その他の物件を検査させることができる。
> 2　前項の規定により立入検査をする職員は，その身分を示す証明書を携帯し，関係人に提示しなければならない。
> 3　第一項の規定による立入検査の権限は，犯罪捜査のために認められたものと解釈してはならない。

> **参考**
>
> **日本国憲法**
>
> 第三十五条　何人も，その住居，書類及び所持品について，侵入，捜索及び押収を受けることのない権利は，第三十三条の場合を除いては，正当な理由に基いて発せられ，且つ捜索する場所及び押収する物を明示する令状がなければ，侵されない。
> 　　捜索又は押収は，権限を有する司法官憲が発する各別の令状により，これを行ふ。

6. 罰　則

(1)　総　説

　罰則は，不正行為に対する制裁であり，本則の最後に（章立てになっている場合には「罰則」と題する章の中に）置かれる。

　罰則には，次のような種類がある。

　　刑罰
　　　　主刑　　：　死刑，懲役，禁錮，罰金，拘留，科料
　　　　付加刑　：　没収
　　秩序罰　　　：　過料

刑罰と秩序罰の違いは，対象行為による法益侵害の内容と罰を科す手続の根拠法にある。すなわち，刑罰が一般社会の重大な法益を侵害する不正行為や立法目的に直結する重要な義務に違反する行為などを対象とするのに対し，秩序罰は行政上，民事上又は訴訟手続上の秩序を乱す行為を対象とする。また，刑罰は裁判所が刑事訴訟法に従って科すのに対し，秩序罰は裁判所が非訟事件手続法に従って科すものである。

　なお，地方公共団体の条例と長の定める規則には，違反者に対して過料を科する旨の規定を設けることができ，この過料は地方公共団体の長が告知し，弁明の機会を付与した上で科することとされている（地方自治法第14条第3項，第15条2項，第149条第3号，第255条の3）。

　罰則については，憲法第31条の定める罪刑法定主義の趣旨を踏まえ，構成要件と種類・上限が明確に定められていなければならない。

(2)　自然犯と行政犯

　罰則の書き方は2通りある。

　第1は，次に示す刑法（明治40年法律第45号）の条文のように，他の条文を引用することなく犯罪の構成要件を書く方法である。このような書き方がされる犯罪は自然犯と呼ばれ，その対象となるのは，一般的，普遍的な倫理感情に照らして，元来，反倫理的，反社会的と考えられる行為である。

> **例**（傷害）
> 　第二百四条　人の身体を傷害した者は，十五年以下の懲役又は五十万円以下の罰金に処する。

　第2は，次に示す銀行法（昭和56年法律第59号）の条文のように，法律の義務規定などの他の条文を引用しつつ犯罪の構成要件を書く方法である。このような書き方がされる犯罪は行政犯と呼ばれ，その対象となるのは行政法規により義務が課されたことに伴い，義務の違反が法の目的を阻害し，反社会性を帯びるとされる行為である。

> **例**
> 第六十一条　次の各号のいずれかに該当する者は，三年以下の懲役若しくは三百万円以下の罰金に処し，又はこれを併科する。
> 一　第四条第一項の規定に違反して，免許を受けないで銀行業を営んだ者
> 　　　　　　　　（以下省略）

　行政犯を規定する場合には，引用する他の条文との関係でいかなる行為が罰則の対象となるかが明確になるよう留意する必要がある。次に示すのは，外国為替及び外国貿易法（昭和24年法律第228号）の実体的な規定とこれに対応する罰則である。

> **例**（船積の非常差止）
> 第五十一条　経済産業大臣は，特に緊急の必要があると認めるときは，経済産業省令で定めるところにより，一月以内の期限を限り，品目又は仕向地を指定し，貨物の船積を差し止めることができる。
> 　　　第九章　罰則
> 第七十条　次の各号のいずれかに該当する者は，三年以下の懲役若しくは百万円以下の罰金に処し，又はこれを併科する。（以下途中省略）
> 三十　<u>第五十一条の規定に基づく命令の規定に違反して貨物の船積をした者</u>

　上記の例における下線部の規定は，かつて単に「<u>第五十一条の規定に違反した者</u>」となっていたが，罰則の対象となる行為を明確化するために，上記の規定に改められた。

(3)　制限規定と罰則との関係

　行政法規や取締法規を立案する場合には，実体的な規定として特定の業務を許可制の下に置いたり，特定の行為を禁止したり，何らかの制限を課す規定を設けることとなる。その際，このような規定の実効性を担保するために違反者を罰する規定を設けるかどうか，またこれを設けるとした場合に，罰則の方式や種類及び上限をどうするかという点を判断し，決定しなければな

らない。

ここでいう罰則の方式には，次の2通りがある。
① 直罰方式：制限規定に違反した者をその段階で直ちに罰則の対象とする方式。
② 間接罰方式：制限規定に違反した者に対しては，先ず行政命令によって是正を求めることとし，その者が行政命令に反した場合にこれを罰則の対象とする方式。

罰則の要否や内容（方式，種類，上限）を判断する際に勘案されるべき事項としては，次のようなものがある。
① 制限規定の内容（禁止，許可制，登録制，届出制，努力義務などの制限規定の内容，制限の態様や程度）
② 違反と立法目的との関連性（立法目的に直接触れるような重大な違反か，手続などに関する軽微な違反かなど）
③ 違反行為の反社会性（違反行為が，正義と公平の観念に照らして，一般的にどのような評価を受けるものかなど）
④ 隣接する法規における取扱い（例えば，税法上の罰則についての税法間の均衡など）

なお，罰則を科さないと判断した場合に制限規定の実効性を考慮して，違反者に対する行政庁の是正勧告や勧告に従わない者の公表といった措置を定めることがある。

(4) 両罰規定

両罰規定とは，犯罪がその行為者を代表者，代理人，使用人等とする法人又は人の業務に関して行われた場合，犯罪の行為者本人のほか当該法人等に対しても，財産刑を科すことを定めた規定である。

両罰規定は，犯罪行為が行為者の属する法人等の業務として行われ，当該

法人等に利益をもたらすものであることに鑑み，行為者に加えて当該法人等をも処罰の対象とし，もって社会正義を実現し，立法目的の確実な達成を図るという趣旨によるものである。具体例は，次に示すとおりである。

> **例**
>
> **鳥獣の保護及び管理並びに狩猟の適正化に関する法律**
> **（平成十四年法律第八十八号）**
>
> 第八十八条　法人の代表者又は法人若しくは人の代理人，使用人その他の従業者が，その法人又は人の業務に関し，第八十三条から第八十六条までの違反行為をしたときは，行為者を罰するほか，その法人又は人に対して各本条の罰金刑を科する。

なお，昭和32年11月27日の最高裁大法廷判決は，旧入場税法上の両罰規定について「事業主として右行為者らの選任，監督その他違反行為を防止するために必要な注意を尽くさなかった過失の存在を推定した規定と解すべく，」とした上で，「事業主において・・・注意を尽くしたことの証明がなされない限り，事業主もまた刑責を免れ得ない」と述べ，過失責任原則に基づくものと解釈している。

両罰規定における法人の罰金については，近年，法人に帰属する利益が巨額になっていることを背景として，行為者本人の罰金よりも重い金額とする「法人重課」が広く採用される傾向にある。具体例は，次に示すとおりである。

> **例**
>
> **不正競争防止法（平成五年法律第四十七号）**
>
> 第二十二条　法人の代表者又は法人若しくは人の代理人，使用人その他の従業者が，その法人又は人の業務に関し，次の各号に掲げる規定の違反行為をしたときは，行為者を罰するほか，その法人に対して当該各号に定める罰金刑を，その人に対して各本条の罰金刑を科する。
> 　一　前条第三項第一号（同条第一項第一号に係る部分に限る。），第二号（同条第一項第二号，第七号及び第八号に係る部分に限る。）若しくは第三号（同条第一項第二号，第七号及び第八号に係る部分に限る。）又は第四項（同条第三項第一号（同条第一項第一号に係る部分に限る。），第二号（同条第一項第二号，第七号及び第八号に係る部分に限る。）及び第三号（同条第一項第二号，第七号及び第八号に係る部分に限る。）に係る部分に限る。）
> 　　十億円以下の罰金刑
> 　二　前条第一項第一号，第二号，第七号，第八号若しくは第九号（同項第四号から第六号まで又は同条第三項第三号（同条第一項第四号から第六号までに係る部分に限る。）の罪に係る違法使用行為（以下この号及び第三項において，「特定違法使用行為」という。）をした者が該当する場合を除く。）又は第四項（同条第一項第一号，第二号，第七号，第八号及び第九号（特定違法使用行為をした者が該当する場合を除く。）に係る部分に限る。）
> 　　五億円以下の罰金刑
> 　三　前条第二項　三億円以下の罰金刑

(5)　罰則規定の配列順

　大部な法律においては，種類や上限を異にする各種の罰則を複数の条に規定し，各条において複数の制限規定を引用することがある。この場合，各条の配列と表記は，次のような原則に従う。

　①　秩序罰は刑罰の後に規定する。
　②　刑罰の中では，両罰規定を最後に置く。
　③　種類と上限が同じものは１つの条にまとめる。
　④　各条は，刑が重い順に並べる。

⑤　各条の中で，引用する制限規定が複数ある場合には，制限規定の条名が若い順に規定する。

具体例は，次に示すとおりである。

> **例**
>
> **特定電子メールの送信の適正化等に関する法律**
> **（平成十四年法律第二十六号）**
>
> 　　第三条：特定電子メールの送信の制限（同意した者にのみ送信可）
> 　　第五条：送信者情報を偽った送信の禁止
> 　　第七条：措置命令（第三条違反者等に対する総務大臣の改善命令）
>
> 　　　第五章　罰則
> 第三十三条　第二十五条の規定による業務の停止の命令に違反した者は，一年以下の懲役若しくは百万円以下の罰金に処し，又はこれを併科する。
> 第三十四条　次の各号のいずれかに該当する者は，一年以下の懲役又は百万円以下の罰金に処する。
> 　一　第五条の規定に違反した者
> 　二　第七条の規定による命令（第三条第二項の規定による記録の保存に係るものを除く。）に違反した者
> 第三十五条　次の各号のいずれかに該当する者は，百万円以下の罰金に処する。
> 　一　第七条の規定による命令（第三条第二項の規定による記録の保存に係るものに限る。）に違反した者
> 　二　第二十八条第一項の規定による報告をせず，若しくは虚偽の報告をし，又は同項の規定による検査を拒み，妨げ，若しくは忌避した者
> 第三十六条　次の各号のいずれかに該当する者は，三十万円以下の罰金に処する。
> 　一　第二十一条の規定による届出をせず，又は虚偽の届出をした者
> 　二　第二十六条の規定に違反して同条に規定する事項の記載をせず，若しくは虚偽の記載をし，又は帳簿を保存しなかった者
> 　三　第二十八条第二項の規定による報告をせず，若しくは虚偽の報告をし，又は同項の規定による検査を拒み，妨げ，若しくは忌避した者

第三十七条　法人の代表者又は法人若しくは人の代理人，使用人その他の従業者が，その法人又は人の業務に関し，次の各号に掲げる規定の違反行為をしたときは，行為者を罰するほか，その法人に対して当該各号に定める罰金刑を，その人に対して各本条の罰金刑を科する。
　一　第三十四条　三千万円以下の罰金刑
　二　第三十三条，第三十五条又は前条　各本条の罰金刑
第三十八条　第二十二条第一項の規定に違反して財務諸表等を備えて置かず，財務諸表等に記載すべき事項を記載せず，若しくは虚偽の記載をし，又は正当な理由がないのに同条第二項各号の規定による請求を拒んだ者は，二十万円以下の過料に処する。

(6) 法律以外の法令における罰則

　憲法は，罪刑法定主義の原則を定める一方，法律の委任により政令で罰則を設けることを認めている。

日本国憲法

第三十一条　何人も，法律の定める手続によらなければ，その生命若しくは自由を奪はれ，又はその他の刑罰を科せられない。
第七十三条　内閣は，他の一般行政事務の外，左の事務を行ふ。
　六　この憲法及び法律の規定を実施するために，政令を制定すること。但し，政令には，特にその法律の委任がある場合を除いては，罰則を設けることができない。

　法律による政令への罰則の委任は，趣旨を明示し，範囲を限定した個別・具体的なものでなければならない。次に示す例では，法が示す一定の要件に該当する行為の制限を政令に委任したことに伴い，当該政令に対し法が示す一定の範囲で罰則を委任している。

河川法（昭和三十九年法律第百六十七号）

（河川の流水等について河川管理上支障を及ぼすおそれのある行為の禁止、制限又は許可）
第二十九条　第二十三条から前条までに規定するものを除くほか、河川の流水の方向、清潔、流量、幅員又は深浅等について、河川管理上支障を及ぼすおそれのある行為については、政令で、これを禁止し、若しくは制限し、又は河川管理者の許可を受けさせることができる。
2　二級河川については、前項に規定する行為で政令で定めるものについて、都道府県の条例で、これを禁止し、若しくは制限し、又は河川管理者の許可を受けさせることができる。
　　　第七章　罰則
第百九条　第二十八条又は第二十九条第一項若しくは第二項の規定に基づく政令又は都道府県若しくは指定都市の条例には、必要な罰則を設けることができる。
2　前項の罰則は、政令にあつては六月以下の懲役、三十万円以下の罰金、拘留又は科料、条例にあつては三月以下の懲役、二十万円以下の罰金、拘留又は科料とする。

　地方自治法第14条第3項は、条例中に一定の罰則を設けることができることを定めており、昭和37年5月30日最大判（大阪市条例違反事件）は次に示すように、同項の定めが憲法第31条に反するものではない旨を判示している（同項の規定は判示された当時、判決文中にあるように、第5項であった）。

 地方自治法（昭和二十二年法律第六十七号）

第十四条　普通地方公共団体は、法令に違反しない限りにおいて第二条第二項の事務に関し、条例を制定することができる。
　　普通地方公共団体は、義務を課し、又は権利を制限するには、法令に特別の定めがある場合を除くほか、条例によらなければならない。

> 普通地方公共団体は，法令に特別の定めがあるものを除くほか，その条例中に，条例に違反した者に対し，二年以下の懲役若しくは禁錮，百万円以下の罰金，拘留，科料若しくは没収の刑又は五万円以下の過料を科する旨の規定を設けることができる。

「憲法三一条はかならずしも刑罰がすべて法律そのもので定められなければならないとするものでなく，法律の授権によつてそれ以下の法令によつて定めることもできると解すべきで，このことは憲法七三条六号但書によつても明らかである。ただ，法律の授権が不特定な一般的の白紙委任的なものであつてはならないことは，いうまでもない。ところで，地方自治法二条に規定された事項のうちで，本件に関係のあるのは三項七号及び一号に挙げられた事項であるが，これらの事項は相当に具体的な内容のものであるし，同法一四条五項による罰則の範囲も限定されている。しかも，条例は，法律以下の法令といつても，上述のように，公選の議員をもつて組織する地方公共団体の議会の議決を経て制定される自治立法であつて，行政府の制定する命令等とは性質を異にし，むしろ国民の公選した議員をもつて組織する国会の議決を経て制定される法律に類するものであるから，条例によつて刑罰を定める場合には，法律の授権が相当な程度に具体的であり，限定されておればたりると解するのが正当である。そうしてみれば，地方自治法二条三項七号及び一号のように相当に具体的な内容の事項につき，同法一四条五項のように限定された刑罰の範囲内において，条例をもつて罰則を定めることがてきるとしたのは，憲法三一条の意味において法律の定める手続によつて刑罰を科するものということができるのであつて，所論のように同条に違反するとはいえない。」
(昭和37年5月30日最大判（大阪市条例違反事件）より抜粋)

なお，個別の法律が一定の規制権限とこれに対応する罰則を条例に委任する場合，条例による罰則の範囲を地方自治法第14条第3項が定める範囲よりも狭めることがある。具体例としては，先に示した河川法第109条第2項のほか，エコツーリズム推進法（平成19年法律第105号）第20条，都市計画法（昭和43年法律第100号）第97条などがある。

6 附　則

1．総　説

　附則は，本則規定事項に付随する事項を規定する部分であり，冒頭に3字分下げて「附　則」（間を1字分空ける）と表記した上で条文を配列する。

(1)　附則の規定事項

　法令の附則の中には規定事項が少ないため項のみを置いているものもあるが，多くの法律は附則に複数の条文を置いており，その規定事項と配列順は次のとおりである。

　①　施行期日
　②　適用関係
　③　関係法律の廃止
　④　法律の終期
　⑤　経過措置
　⑥　他法の改正
　⑦　検討条項

　なお，項のみを置く附則においても，項のみを置く本則と同様，項が1つのときには項番号を付さないが，項が複数のときには第1項から順次，項番号を付す。

(2)　整備法・施行法

　附則における他法の改正は，本則の規定によって影響を受ける他の法律の規定を整備するために行われる。例えば，A法の改正によってA法第9条が

第10条に移動するような場合には、これを引用するB法の規定について、引用の趣旨を維持するため、「A法第9条」を「A法第10条」とするようB法を改正する必要がある。あるいは、新たな制度の導入や組織の新設を行う法律を制定した場合に、これによって影響を受ける他の制度や組織との調整を図るために、関連する他法の規定を改正する必要が生ずることもある。

このような他法改正が多岐にわたり相当の分量になる場合には、他法改正を専らの目的とする法律が別個に制定されることがある。具体例としては、独立行政法人通則法の一部を改正する法律の施行に伴う関係法律の整備に関する法律（平成26年法律第67号）、消費者庁及び消費者委員会設置法の施行に伴う関係法律の整備に関する法律（平成21年法律第49号）などがあり、「整備法」と称されている。

また、附則における関係法律の廃止は、改正法又は新法を制定することに伴って、関連する現行法を廃止するものであるが、この関係法律の廃止を当該改正法又は新法とは別個に制定する整備法の中で行うことがある。具体例としては、証券取引法等の一部を改正する法律の施行に伴う関係法律の整備等に関する法律（平成18年法律第66号）、少年院法及び少年鑑別所法の施行に伴う関係法律の整備等に関する法律（平成26年法律第60号）などがある。このような整備法においては、法の廃止は整備の概念を超えるものと観念されているために題名が「整備等」とされるほか、現行法の廃止に伴う経過措置も他法改正の規定と合わせて定められる（規定の配列は、現行法の廃止、廃止に伴う経過措置、他法改正という順序になる）。

なお、制度や組織の新設又は改革を行うための立法については、他法改正に加えて経過措置も多岐にわたり、相当の分量になることがある。このような場合には、他法改正と経過措置の双方を規定するために「施行法」と称される別個の法律が制定されることがある。具体例としては、介護保険法施行法（平成9年法律第124号）、中央省庁等改革関係法施行法（平成11年法律第160号）などがある。

2. 施行期日

　法令を施行するためには施行期日を定めなければならない。施行期日は附則の冒頭で定められることとなっており，附則第1条は施行期日を定める条文となる。

　施行期日は，公布日との関係を考慮しつつ法令の性格や内容に照らして最も適切な期日となるよう設定される。公布日との関係では，国民の権利を制限し，又は国民に義務を課すような法律の公布日施行は避ける必要がある。

　法律の施行期日を定める方法には，次のような類型がある。

① 公布日施行とするもの

　公債発行特例法など，国民の権利義務に直接的な変動を及ぼさないような法律であって速やかに施行する必要があるものについては，公布日施行とされることがある。

> **例**
>
> **財政運営に必要な財源の確保を図るための公債の発行の特例に関する法律（平成二十四年法律第百一号）**
>
> 　　附　則
> 　この法律は，公布の日から施行する。

② 施行期日を，公布日から一定期間経過した日とするもの

　この類型は公布から施行までの期間を法律自体が確定して示すものである。

> **例**
>
> **運輸事業の振興の助成に関する法律**
> **（平成二十三年法律第百一号）**
>
> 　　附　則
> 　（施行期日）
> 1　この法律は，公布の日から起算して一月を経過した日から施行する。

③ 施行期日を，公布日から一定期間の範囲内で政令に委任するもの

この類型は適用対象者の準備状況などを見極めた上で政令により最終的な施行日を定めるものであり，円滑な施行が確保されることから，広く一般的に用いられている。

> **例**
>
> **金融商品取引法の一部を改正する法律**
> **（平成二十七年法律第三十二号）**
>
> 　　　附　　則
> 　（施行期日）
> 第一条　この法律は，公布の日から起算して一年を超えない範囲内において政令で定める日から施行する。

④ 施行期日を，確定期日で示すもの

この類型は，施行期日を，特定年度の開始日など，確定した期日とする必要がある場合に用いられる。

> **例**
>
> **市町村の合併の特例に関する法律（平成十六年法律第五十九号）**
> 　　※〈平成十六年五月二十六日公布〉
>
> 　　　附　　則
> 　（施行期日）
> 第一条　この法律は，平成十七年四月一日から施行する。

⑤ 施行期日を，他法の定めに委任するもの

この類型は特別な場合に用いられる。

> **例**
>
> **内閣法の一部を改正する法律（平成十一年法律第八十八号）**
>
> 　　　附　　則
> 　（施行期日）
> 1　この法律は，別に法律で定める日から施行する。

ちなみに，この例にある「別に法律で定める日」とは，中央省庁等改革関係法施行法（平成11年法律第160号）第2条が定めた平成13年1月6日であり，各省の組織改革関係法の施行期日をこれに連動させていたため，同日が中央省庁改革の施行日となった。

⑥　施行期日を，他法の施行や条約の発効と連動させるもの

この類型は，複数の改正法を同時に施行する場合や条約の締結に必要な国内法の整備を行う場合に用いられる。

> **例1**
> **家事事件手続法（平成二十三年法律第五十二号）**
>
> 　　附　則
> 　（施行期日）
> 第一条　この法律（以下「新法」という。）は，非訟事件手続法の施行の日から施行する。

> **例2**
> **クラスター弾等の製造の禁止及び所持の規制等に関する法律**
> **（平成二十一年法律第八十五号）**
>
> 　　第一章　総則
> 　（目的）
> 第一条　この法律は，クラスター弾に関する条約（以下「条約」という。）の適確な実施を確保するため，クラスター弾等の製造を禁止するとともに，クラスター弾等の所持を規制する等の措置を講ずることを目的とする。
> 　　　　　　　　　　（以下，本則条文省略）
>
> 　　附　則
> 　（施行期日）
> 第一条　この法律は，条約が日本国について効力を生ずる日から施行する。

施行期日については，法令中の一部の規定について，その施行期日を法令自体の施行（本体施行）の日と異なった日に設定することがある。この場合

には，本体施行と異なる施行をただし書で規定する。

> **例1**
>
> **不正競争防止法の一部を改正する法律**
> **（平成二十七年法律第五十四号）**
>
> 　　　附　則
> 　（施行期日）
> 第一条　この法律は，公布の日から起算して六月を超えない範囲内において政令で定める日から施行する。ただし，第十五条の改正規定は，公布の日から施行する。

> **例2**
>
> **医療法の一部を改正する法律（平成二十七年法律第七十四号）**
>
> 　　　附　則
> 　（施行期日）
> 第一条　この法律は，公布の日から起算して二年を超えない範囲内において政令で定める日から施行する。ただし，次の各号に掲げる規定は，当該各号に定める日から施行する。
> 一　附則第十条の規定　公布の日
> 二　第一条の規定並びに次条から附則第七条までの規定，附則第九条及び第十三条の規定並びに附則第十七条の規定（国家戦略特別区域法（平成二十五年法律第百七号）第十四条の二の改正規定に限る。）　公布の日から起算して一年を超えない範囲内において政令で定める日

なお，法の適用に関する通則法（平成18年法律第78号）第2条は次のように規定しているが，立法実務上は各法律が自ら施行期日を定めているため，常に同条ただし書が適用されている。

> **参考**
>
> （法律の施行期日）
> 第二条　法律は，公布の日から起算して二十日を経過した日から施行する。ただし，法律でこれと異なる施行期日を定めたときは，その定めによる。

3. 適用関係

　法令の規定は施行期日以後の事象に対して適用されるが，適用対象が単発の事象ではなく，一連の事象や一定期間ごとの事象である場合には，制定法令の施行に当たり，どの事象から適用が開始されるかについて疑義が生ずることがある。このような場合には，この点を明らかにするための規定が置かれることとなる。具体例は，次に示すとおりである。

例1　　　　　非訟事件手続法（平成二十三年法律第五十一号）

　　　附　　則
　（施行期日）
１　この法律は，公布の日から起算して二年を超えない範囲内において政令で定める日から施行する。
　（経過措置）
２　この法律の規定は，この法律の施行後に申し立てられた非訟事件及び職権で手続が開始された非訟事件の手続について適用する。

例2　　　　　地方公共団体の財政の健全化に関する法律
　　　　　　　　　　（平成十九年法律第九十四号）

　　　附　　則
　（施行期日）
第一条　この法律は，平成二十一年四月一日から施行する。ただし，第二条，第三条及び第二十二条の規定は，公布の日から起算して一年を超えない範囲内において政令で定める日から施行する。
　（適用区分）
第二条　第四条，第八条及び第二十三条の規定は，平成二十年度以後の年度分の決算に基づき算定した実質赤字比率，連結実質赤字比率，実質公債費比率若しくは将来負担比率又は資金不足比率が早期健全化基準，財政再生基準又は経営健全化基準以上である場合について適用する。

　法令の規定を施行期日以前の事象に遡って適用することを遡及適用とい

う。罰則の遡及適用は憲法第39条が禁止するところであり，一般に国民の権利・利益を侵害するような遡及適用は許されない。また，遡及適用は一般的に法的安定性を害するものであることにも留意する必要がある。

> **参考**
>
> **日本国憲法**
>
> 第三十九条　何人も，実行の時に適法であつた行為又は既に無罪とされた行為については，刑事上の責任を問はれない。又，同一の犯罪について，重ねて刑事上の責任を問はれない。

4．関係法律の廃止

現行法を衣替えする場合には，全部改正という方式のほか，現行法の内容を一新した新法を制定し，その附則で現行法を廃止するという方式が採られることがある。具体例は次に示すとおりであるが，このような附則における現行法の廃止は，新法の制定に伴って新法と同一の政策目的を持つ現行法が不要になるという考え方に基づいている。

> **例1**
>
> **地方公共団体の財政の健全化に関する法律**
> **（平成十九年法律第九十四号）**
>
> 　　附　則
> 　（地方財政再建促進特別措置法の廃止）
> 第三条　地方財政再建促進特別措置法（昭和三十年法律第百九十五号）は，廃止する。

> **例2**　**資金決済に関する法律（平成二十一年法律第五十九号）**
>
> 　　　附　則
> 　（前払式証票の規制等に関する法律の廃止）
> 第二条　前払式証票の規制等に関する法律（平成元年法律第九十二号）は，廃止する。

　また，同一の政策分野に属する複数の現行法を整理・統合する場合に，中核となる現行法を改正して当該分野における他の現行法の規定事項を集約し，改正法附則で他の現行法を廃止するという方式が採られることがある。具体例は次に示すとおりであるが，このような附則における現行法の廃止は，中核となる現行法に他法の規定事項が集約された結果，当該他法が不要になるという考え方に基づいている。

> **例**　**放送法等の一部を改正する法律（平成二十二年法律第六十五号）**
>
> 　　　附　則
> 　（法律の廃止）
> 第二条　次に掲げる法律は，廃止する。
> 　一　有線ラジオ放送業務の運用の規正に関する法律（昭和二十六年法律第百三十五号）
> 　二　有線テレビジョン放送法（昭和四十七年法律第百十四号）
> 　三　電気通信役務利用放送法（平成十三年法律第八十五号）
> 　四　有線放送電話に関する法律（昭和三十二年法律第百五十二号）

　なお，先に述べたように，現行法制を改革するための改正法又は新法を制定する際に，関連する現行法の廃止を当該改正法又は新法とは別個に制定する整備法の中で行うことがある。
　次に示す例では，証券取引法を金融サービスの規制に関する中核的な法律とすべく大幅に改正した際に制定された整備法において，改正後の証券取引

法に規定事項が集約されたために不要となった他法が廃止されている。

> **例**
> **証券取引法等の一部を改正する法律の施行に伴う関係法律の整備等に関する法律（平成十八年法律第六十六号）**
>
> （法律の廃止）
> 第一条　次に掲げる法律は、廃止する。
> 　一　外国証券業者に関する法律（昭和四十六年法律第五号）
> 　二　有価証券に係る投資顧問業の規制等に関する法律（昭和六十一年法律第七十四号）
> 　三　抵当証券業の規制等に関する法律（昭和六十二年法律第百十四号）
> 　四　金融先物取引法（昭和六十三年法律第七十七号）

また、次に示す例では、旧少年院法を抜本的に見直して少年法と少年鑑別所法の2法を新たに制定した際に制定された整備法において、新法制定により不要となった旧少年院法が廃止されている。

> **例**
> **少年院法及び少年鑑別所法の施行に伴う関係法律の整備等に関する法律（平成二十六年法律第六十号）**
>
> （少年院法の廃止）
> 第一条　少年院法（昭和二十三年法律第百六十九号）は、廃止する。

なお、A法を改正すると同時にB法を廃止する場合に、B法の廃止がA法の改正から生ずる当然の帰結ではなく、A法の改正とは別個の政策判断によるものであるときには、B法の廃止は附則ではなく、本則で行われることとなる。具体例は次に示すとおりであり、題名中の「等」は本則における現行法の廃止（第3条）を意味している。

> **例**　砂糖の価格調整に関する法律及び独立行政法人農畜産業振興機構法の一部を改正する等の法律（平成十八年法律第八十九号）
>
> 　（砂糖の価格調整に関する法律の一部改正）
> 第一条　砂糖の価格調整に関する法律（昭和四十年法律第百九号）の一部を次のように改正する。（以下省略）
> 　（独立行政法人農畜産業振興機構法の一部改正）
> 第二条　独立行政法人農畜産業振興機構法（平成十四年法律第百二十六号）の一部を次のように改正する。（以下省略）
> 　（甘味資源特別措置法の廃止）
> 第三条　甘味資源特別措置法（昭和三十九年法律第四十一号）は，廃止する。

5．法律の終期

　限時法は，一定の期間に限った措置を講ずる場合に制定され，次の例に示すように，自らの終期を示す規定を附則に置いている。限時法は，自らが規定する終期が到来した時に，この規定に基づき，新たな立法措置を要せず自動的に効力を失う。

> **例1**　東日本大震災の被災者に対する援助のための日本司法支援センターの業務の特例に関する法律（平成二十四年法律第六号）
>
> 　　　　附　　則
> 　（この法律の失効）
> 第三条　この法律は，平成三十年三月三十一日限り，その効力を失う。

> **例2**
>
> **駐留軍等の再編の円滑な実施に関する特別措置法**
> **（平成十九年法律第六十七号）**
>
> 　　　附　則
> 　（この法律の失効）
> 第二条　この法律は，平成二十九年三月三十一日限り，その効力を失う。

　なお，限時法と似て非なるものとして法律を一定の期限内に廃止する義務を附則に規定する法律がある。この法律は限時法のように期限の到来によって自動的に失効することはなく，廃止するため別個の立法措置を必要とする。次に示すのは，このような廃止義務を規定した法律とこれを廃止した法律の例である。

> **例**
>
> **高度テレビジョン放送施設整備促進臨時措置法**
> **（平成十一年法律第六十三号）**
>
> 　　　附　則
> 　（この法律の廃止）
> 第二条　この法律は，平成二十七年三月三十一日までに廃止するものとする。
>
> ....
>
> **高度テレビジョン放送施設整備促進臨時措置法を廃止する法律**
> **（平成二十七年法律第十五号）**
>
> 　高度テレビジョン放送施設整備促進臨時措置法（平成十一年法律第六十三号）は，廃止する。

6．経過措置

　経過措置とは，立法による新しい法秩序への移行が円滑かつ適切に行われることを目的に設けられる経過的な特例措置のことである。
　経過措置の具体的な規定としては，次のようなものがある。

(1) 既得の権利・地位に配慮した経過措置

　新規に規制を加え，又は規制の内容を変更する立法を行う場合に法の円滑な施行を図るため，既得の権利や地位に配慮した経過的な特例を認めることがある。

　例えば，ある業務を新たに規制する立法を行う場合に，法の施行時に当該業務を行っている者に対して，規制に対応するために必要と認められる一定の猶予期間を与えることがある。

　また，許可制の内容を改正する立法を行う場合に，法の施行時に旧法下で許可を得ている者については，その有効期限が到来するまでの間，旧法下の許可を新法下の許可と同一のものとみなすという特例を認めることもある。

> **例1**　フロン類の使用の合理化及び管理の適正化に関する法律
> 　　　（平成十三年法律第六十四号）
>
> 　　附　則
> 　（経過措置）
> 第二条　前条第一号に掲げる規定の施行の際現に第一種フロン類回収業を行っている者は，同号に規定する政令で定める日から同日後六月を経過する日又は施行日の前日のいずれか遅い日までの間（当該期間内に第十一条第一項の規定による登録を拒否する処分があったときは，当該処分のあった日までの間）は，第九条第一項の登録を受けないでも，引き続き当該業務を行うことができる。その者がその期間内に当該登録の申請をした場合において，その期間を経過したときは，その申請について登録又は登録の拒否の処分があるまでの間も，同様とする。

> **例2** 鳥獣の保護及び狩猟の適正化に関する法律
> （平成十四年法律第八十八号）
>
> 　鳥獣保護及狩猟ニ関スル法律（大正七年法律第三十二号）の全部を改正する。
> 　　附　則
> 　（鳥獣の捕獲等又は鳥類の卵の採取等の許可に関する経過措置）
> 第九条　この法律の施行の際現に旧法第十二条第一項の規定により許可を受けている者は，施行日に新法第九条第一項の規定により許可を受けたものとみなす。この場合において，当該許可を受けたものとみなされる者に係る許可の有効期間は，同日におけるその者に係る旧法第十二条第一項の規定による許可の有効期間の残存期間と同一の期間とする。
> 2　この法律の施行の際現に旧法第十二条第三項の規定により交付されている許可証又は従事者証は，新法第九条第七項又は第八項の規定により交付された許可証又は従事者証とみなす。

(2)　旧法下で行われた処分等に関する経過措置

　立法目的を維持しつつ具体的な措置の内容を改正する場合に，制度の適切かつ円滑な移行を図るため，旧法下で行われた処分や申請を新法下で行われた処分や申請とみなすという特例を設けることがある。

　具体例は次に示すとおりであり，例1のケースで旧法下の処分を新法下の処分とみなすこととしたのは，旧法下での処分歴を新法下での登録拒否事由とし，旧法下で不適格とされた者が新法下で登録されることのないようにするためである。

> **例1** 証券取引法等の一部を改正する法律の施行に伴う
> 　　　関係法律の整備等に関する法律（平成十八年法律第六十六号）
>
> （金融先物取引法の廃止に伴う経過措置）
> 第六十二条　旧金融先物取引法第八十七条第一項の規定により登録を取り消された者（銀行，協同組織金融機関その他政令で定める金融機関を除く。）は，その処分を受けた日において，新金融商品取引法第五十二条第一項の規定により登録を取り消されたものとみなす。

> **例2** 放送法等の一部を改正する法律（平成二十二年法律第六十五号）
>
> 　　　附　則
> 　（放送法の一部改正に伴う経過措置）
> 第八条
> 3　この法律の施行の際現にされている旧放送法第五十二条の十三第一項の認定の申請は，新放送法第九十三条第一項の規定により認定を受けるべき者に係るものにあっては同項の認定の申請と，新放送法第百二十六条第一項の規定により登録を受けるべき者に係るものにあっては同項の登録の申請とみなす。
> 　　　　　　　　（第4項から第10項まで省略）
> 11　施行日前に旧放送法第五十二条の七第一項の規定により有料放送事業者に対して総務大臣がした命令であって，みなし認定基幹放送事業者又は次条第一項の規定により基幹放送局の免許を受けたものとみなされる者に係るものは，新放送法第百五十六条第一項の規定によってした命令とみなす。

(3)　特定措置の存続に関する経過措置

　法律の廃止又は改正に当たり，旧法下の秩序を維持させることが必要な範囲において旧法が規定していた特定の措置を存続させることがある。例えば，次のように公的機関に関する法律を廃止する際，当該機関の役職員であった者の守秘義務を存続させる必要があることから，附則で当該守秘義務とその違反行為に対する罰則の存続を定めている。

> **例**
>
> ### 独立行政法人雇用・能力開発機構法を廃止する法律
> ### （平成二十三年法律第二十六号）
>
> 　　　附　則
> 　（秘密保持義務に関する経過措置）
> 第十条　雇用・能力開発機構の役員又は職員であった者に係るその職務上知ることのできた秘密を漏らしてはならない義務については，施行日以後も，なお従前の例による。
> 　（罰則に関する経過措置）
> 第二十一条　施行日前にした行為及び附則第十条の規定によりなお従前の例によることとされる場合における施行日以後にした行為に対する罰則の適用については，なお従前の例による。

　旧法下における特定措置の存続を定める場合には，この例にあるような**「・・・については，なお従前の例による。」**という表現のほか，次の例にあるように，**「・・・については，○○の規定は，なおその効力を有する。」**という表現が用いられる。

> **例**
>
> ### 東日本大震災の被災者に対する援助のための日本司法支援センターの業務の特例に関する法律（平成二十四年法律第六号）
>
> 　　　附　則
> 　（この法律の失効）
> 第三条　この法律は，平成三十年三月三十一日限り，その効力を失う。
> ２　この法律の失効前に支援センターが東日本大震災法律援助事業の実施に係る援助の申込みを受けた事案については，この法律の規定は，前項の規定にかかわらず，同項に規定する日後も，なおその効力を有する。
> ３　この法律の失効前に第四条第一項の規定により支援センターがした長期借入金については，同条第二項及び第三項並びに第五条（同条の表第十九条第二項第二号の項，第四十九条第一号の項及び第五十四条第一号の項に係る部分に限る。）の規定は，第一項の規定にかかわらず，同項に規定する日後も，なおその効力を有する。

> 4 この法律の失効前にした行為に対する罰則の適用については、この法律は、第一項の規定にかかわらず、同項に規定する日後も、なおその効力を有する。

「なお従前の例による。」という表現も「なおその効力を有する。」という表現も、旧法下の措置を存続させることを表すものであるが、「なお従前の例による。」と規定した場合には、この規定が特定措置存続の根拠となるのに対し、「なおその効力を有する。」と規定した場合には、この規定によってなお効力を有するとされた旧法の規定が特定措置存続の根拠となる。したがって、前者の場合には旧法の規定は失効しているが、後者の場合には、旧法の規定が効力を有しているので、これを新法施行後に改正することも可能となる。

罰則の改廃があった場合には、罰則の改廃を奇貨として駆け込みで違法行為を行う者の反社会性を追及し、法秩序を維持するため、改廃前にした行為に対して改廃前の罰則を適用する旨の経過規定を設けるのが一般的である。

(4) 新しい組織の設立に関する経過措置

新しい組織を設立するための立法の場合には、当該組織の設立に必要な手続に関する規定を附則の経過措置として定めるのが通例である。

例えば、A法人をB法人の後継として設立するための法律を制定する場合には、次のように「A法人法」という題名の新法を制定し、その附則においてA法人設立の手続、B法人の解散とA法人への権利義務の承継など、A法人の設立に必要な手続が定められる。

A法人法

本則：総則（目的、法人格、資本金、定款、登記、名称等）
　　　実体的規定（意思決定機関、役職員、業務、財務・会計等）
　　　雑則（報告、立入検査等）
　　　罰則

附則：施行期日
　　　　設立関係（設立委員の任命，設立の認可等）
　　　　Ｂ法人の解散及びその権利義務のＡ法人による承継
　　　　権利義務の承継に伴う経過措置

7．検討条項

　検討条項とは，法律の施行後に，施行された規定の実施状況を検討し，その結果に基づいて所要の措置を講ずることを義務付ける旨の規定である。具体例は，次のとおりである。

> **金融商品取引法の一部を改正する法律（平成二十四年法律第八十六号）**
>
> 　　　附　　則
> 　（検討）
> 第十九条　政府は，この法律の施行後五年以内に，この法律による改正後の規定の実施状況について検討を加え，必要があると認めるときは，その結果に基づいて所要の措置を講ずるものとする。

　近年は制度の新設，改正を行う立法の際，検討条項が規定されることが多い。特に規制の新設を伴う法案を政府が提出する際には，平成14年3月29日の閣議決定（規制改革推進3カ年計画）で示された方針に基づき，原則として当該法案に検討条項を盛り込むこととなっている。

　また，近年の立法過程では，政府提出法案が国会で審議された際，与野党協議による合意に基づき検討条項を追加する議員修正がなされ，法案が可決することがある。次に示すのは，そのような経過により成立した法律と追加された検討条項の例である（この法律は，平成25年法律第90号により改正され，題名が「高等学校等就学支援金の支給に関する法律」と改められた）。

> **例** 公立高等学校に係る授業料の不徴収及び高等学校等就学支援金の支給に関する法律（平成二十二年法律第十八号）
>
> 　　　附　則
> 　（施行期日）
> 1　この法律は，平成二十二年四月一日から施行する。
> 　（検討）
> 2　政府は，この法律の施行後三年を経過した場合において，この法律の施行の状況を勘案し，この法律の規定について検討を加え，必要があると認めるときは，その結果に応じて所要の見直しを行うものとする。

条項の構造等

法令を適切に立案するためには，条項の構成単位と相互関係のほか，表や別表などに関する理解が不可欠である。

1．条項の構成単位

法令の条文には，条，項，号という構成単位がある。

条は，法令の本則と附則を構成する基本的な構成単位であり，多くの法令の本則と附則は複数の条から成っている。さらに，条は，複数の項から成っているものが多く，各条や各項の中には，号という構成単位を活用した表記（各号列記）をしているものがある。次に示すのは，複数の項があり，かつ項中の各号列記がある条の例である。

>
> **行政機関の保有する情報の公開に関する法律**
> **（平成十一年法律第四十二号）**
>
> （開示請求の手続）
> 第四条　前条の規定による開示の請求（以下「開示請求」という。）は，次に掲げる事項を記載した書面（以下「開示請求書」という。）を行政機関の長に提出してしなければならない。
> 　一　開示請求をする者の氏名又は名称及び住所又は居所並びに法人その他の団体にあっては代表者の氏名
> 　二　行政文書の名称その他の開示請求に係る行政文書を特定するに足りる事項
> 2　行政機関の長は，開示請求書に形式上の不備があると認めるときは，開示請求をした者（以下「開示請求者」という。）に対し，相当の期間を定めて，その補正を求めることができる。この場合において，行政機関の長は，開示請求者に対し，補正の参考となる情報を提供するよう努めなければならない。

(1) 条項号の意義

① 条

　条は、本則と附則の規定事項を区分する箇条書きである。本則や附則の条が複数ある場合には、各条に「第○条」と漢数字を用いた条名が順次付される。

　これに対し、本則又は附則に1つの条しかない場合には、その条には「第1条」という条名は付されない。例えば、本則が1条建ての法律として「A法を廃止する法律」や「A法の一部を改正する法律」がある。これらの本則の条文は、前者の場合には「A法を廃止する。」という簡単なものであり、後者の場合には「A法の一部を次のように改正する。」という改正文の次に改正の内容を示す「改め文」が規定されたものであるが、いずれの場合も条名は付されない。

　附則中の各条は本則と同様、第1条から始まり、附則では単に「第○条」と表記されるが、他の条項で附則の条を引用するときには、「附則第○条」という。なお、制定時点の古い現行法の中には、地方財政法（昭和23年法律第109号）、公認会計士法（昭和23年法律第103号）などのように、附則にある各条の条名が本則と通しで付されているものがある。

② 項

　項には、条が置かれない本則又は附則を構成する項と、各条を構成する項がある。前者には、第1項から順次、冒頭にアラビア数字で項番号が付される。後者は、条における区切りとして改行して書き起こされる各段落であり、第2項以下の各項の冒頭に順次アラビア数字で項番号が付されるが、第1項には項番号は付されない。

　項番号は、昭和23年頃以前の法律には付されていない。この場合、項が多数存在するときには、ある項が第何項なのかを直ぐに判別できず、不便である。このため、市販の法令集では第2項以下の項の冒頭に②、③のような、項番号に代替する表示を付すことがある。

③　号

　号は，条や項の中で規定する事項の一部を条文の外に切り出し，箇条書き風に並べて書く場合における当該箇条書きの部分である。各号には第1号から順次，冒頭に漢数字で号番号が付される。

(2)　条の見出し

　各条には，右肩に括弧書きで見出しを付すことになっている。

　見出しは条文の内容を簡潔に表したものであり，法令読解の一助となる。連続する複数の条が共通の事項を規定する場合には，最初の条に共通見出しが付される。共通見出しはこれらの条の全体に及んでおり，2番目以降の条には固有の見出しは付されない。共通見出しの改正を行うための改め文においては，共通見出しのことを「○条の見出し」ではなく「○条の前の見出し」という。

　見出しは本則では条にだけ付されるが，項建てになっている附則においては各項に見出しが付されることがある。

　なお，古い法律の中には裁判所法（昭和22年法律第59号）のように，条文の右肩ではなく真下に見出しが付けられているものや，学校教育法（昭和22年法律第26号），消防法（昭和23年法律第186号）などのように見出しが付けられていないものがある。市販の法令集では，見出しのない法律について〔　〕などを用いた見出し代わりの参考表記が付されており，「便宜見出し」と呼ばれている。

(3)　項の特徴

　条中の項は，条文における段落に過ぎず，条や号に比べて構成単位としての独立性が弱い。

　このため，先に述べたように各条中の項番号は第2項以下には付すが，第1項には付さないことになっており，また，後に述べるように各条中の項の追加や削除を行う場合には，条や号の追加や削除に用いられるような枝番号

による追加の方式や「削除」の文言による実質的な削除の方式を用いることができない。

(4) 条項中の複数の文章

1項建ての条，あるいは複数の項がある条における各項は，それぞれがまとまった文章の単位であるので1つの文章で書かれることが多いが，本文とただし書，あるいは前段と後段と呼ばれる複数の文章から成ることもある。この場合，後に来る文章，すなわちただし書や後段の規定は改行されず，連続して書かれる。

このような同一条項中の複数の文章は相互に密接な関係を持ち，一体的に規範を構成するものである。

① 本文とただし書

1つの条項において，原則を示す事項とその例外となる事項を別個の文章として併記した場合，両者を本文とただし書という。具体例は，次のとおりである。

地方公共団体情報システム機構法（平成二十五年法律第二十九号）

（代表者会議の設置及び組織）
第八条　（第1項から第3項まで省略）
4　委員の任期は，三年以内において定款で定める期間とする。ただし，補欠の委員の任期は，前任者の残任期間とする。
（役員の兼職禁止）
第十七条　役員は，営利を目的とする団体の役員となり，又は自ら営利事業に従事してはならない。ただし，代表者会議の承認を受けたときは，この限りでない。

② 前段と後段

1つの条項において，原則と例外という関係以外で密接な関係にある事項を別個の文章として併記することがある。この文章を前段と後段という。具体例は次のとおりであり，後段が「同様とする。」で終わったり，「この場合において，」で始まったりすることが多い。

> **例1** 地方公共団体情報システム機構法（平成二十五年法律第二十九号）
>
> （業務方法書）
> 第二十三条　機構は，業務開始の際，業務方法書を作成し，これを総務大臣に届け出なければならない。これを変更したときも，同様とする。

> **例2** 都市の低炭素化の促進に関する法律（平成二十四年法律第八十四号）
>
> （鉄道利便増進実施計画の認定）
> 第二十三条　鉄道利便増進事業を実施しようとする者は，国土交通大臣に対し，鉄道利便増進実施計画が都市の低炭素化を促進するために適当なものである旨の認定を申請することができる。
> 2　前項の規定による認定の申請は，計画作成市町村を経由して行わなければならない。この場合において，計画作成市町村は，当該鉄道利便増進実施計画を検討し，意見があるときは当該意見を付して，国土交通大臣に送付するものとする。

稀に1つの条項が3つの文章から成る場合もあり，これらの文章を前段，中段，後段という。

(5) 号中の表記

各号列記において，各号の中を細分する場合には，次の例にあるように，「イ　ロ　ハ・・・」を用い，これをさらに細分する場合には「(1)(2)(3)・・・」，これをさらに細分する場合には「(i)(ii)(iii)・・・」を用いる。

> **例**
>
> ### 建築基準法（昭和二十五年法律第二百一号）
>
> （用語の定義）
> 第二条　この法律において次の各号に掲げる用語の意義は，それぞれ当該各号に定めるところによる。
> 　　　　　　　　　　（第1号から第9号まで省略）
> 　九の二　耐火建築物　次に掲げる基準に適合する建築物をいう。
> 　　イ　その主要構造部が(1)又は(2)のいずれかに該当すること。
> 　　　(1)　耐火構造であること。
> 　　　(2)　次に掲げる性能（外壁以外の主要構造部にあつては，(i)に掲げる性能に限る。）に関して政令で定める技術的基準に適合するものであること。
> 　　　　(i)　当該建築物の構造，建築設備及び用途に応じて屋内において発生が予測される火災による火熱に当該火災が終了するまで耐えること。
> 　　　　(ii)　当該建築物の周囲において発生する通常の火災による火熱に当該火災が終了するまで耐えること。
> 　　ロ　その外壁の開口部で延焼のおそれのある部分に，防火戸その他の政令で定める防火設備（その構造が遮炎性能（通常の火災時における火炎を有効に遮るために防火設備に必要とされる性能をいう。）に関して政令で定める技術的基準に適合するもので，国土交通大臣が定めた構造方法を用いるもの又は国土交通大臣の認定を受けたものに限る。）を有すること。

　各号に列記される字句が名詞で終わる場合には句点（。）を打たないが，「こと」や「とき」で終わる場合には，上の例にあるように句点を打つ。また，各号列記が体言止めではなく述語のある文章の場合にも，通常の文章と同様，句点を打つ。

2．条項の相互関係

　法令の条項は，相互に密接な関係を持つことがある。引用の関係と準用の関係である。

(1) 引用

　法令では，ある条項で他の条項を引用することがきわめて多い。例えば，いわゆる情報公開法（行政機関の保有する情報の公開に関する法律（平成11年法律第42号））は，第3条で行政文書の開示を請求する権利を定め，第4条で開示請求の手続を定めているが，同条第1項は「前条の規定による開示の請求は，・・・を・・に提出してしなければならない」と規定し，第3条を引用している。

　条項の引用は同じ法令中の条項だけではなく，内容が密接に関係する他法令中の条項についても行われる。例えば，公文書等の管理に関する法律（平成21年法律第66号）第7条は行政文書ファイル管理簿の作成を定めているが，同管理簿の記載事項の範囲を規定するため，次のように情報公開法第5条を引用している。

> **例**
>
> **公文書等の管理に関する法律（平成二十一年法律第六十六号）**
>
> 　（行政文書ファイル管理簿）
> 　第七条　行政機関の長は，行政文書ファイル等の管理を適切に行うため，政令で定めるところにより，行政文書ファイル等の分類，名称，保存期間，保存期間の満了する日，保存期間が満了したときの措置及び保存場所その他の必要な事項（<u>行政機関の保有する情報の公開に関する法律（平成十一年法律第四十二号。以下「行政機関情報公開法」という。）第五条に規定する不開示情報に該当するものを除く。</u>）を帳簿（以下「行政文書ファイル管理簿」という。）に記載しなければならない。ただし，政令で定める期間未満の保存期間が設定された行政文書ファイル等については，この限りでない。

　条項を引用する際の表現は引用の趣旨によってさまざまであるが，「**第○条の規定による○○**」や「**第○条に規定する○○**」といった表現が比較的よく用いられる。両者の使い分けには若干微妙な面もあるが「規定による○○」は，○○の根拠を定めた規定（情報公開法第4条の例では「公開の請求」という行為の根拠を定めた規定）を引用する場合に用いられるのに対し，「第○条に

規定する○○」は，○○という概念を示す規定（公文書等の管理に関する法律第7条の例では，「不開示情報」という概念を示す規定）を引用する場合に用いられる。このほか「**第○条の○○**」という表現もあり，根拠を定めた規定，概念を示す規定のいずれを引用する場合にも用いられる。

　引用される条項が近接する位置にある場合には，これを表記する際に留意しなければならないことがある。
　第1に，直前の位置にある条項を引用する場合には，次のようなルールに従って表記しなければならない（具体例は条についてのみ述べるが，項と号についても同様である）。
　① 　直前の単一の条項は，「前条」とする。
　② 　直前の連続した複数の条項は，数に応じて，「前二条」「前三条」とし，4つ以上の場合には，「第○条から前条まで」とする。
　③ 　直前の連続したすべての条項は，「前各条」とする。

　第2に，直後の位置にある条項を引用する場合には，次のようなルールに従って表記しなければならない（ここでも具体例は条についてのみ述べるが，項と号についても同様である）。
　① 　直後の単一の条項は，「次条」とする。
　② 　直後の連続した複数の条項は「次二条」などといわず，2つの場合には「次条及び第○条」とし，3つ以上の場合には「次条から第△条まで」とする。
　③ 　直後の連続したすべての条項は「次各条」とはいわず，「次条から第△条まで」とする。

　なお，引用した条項を同一の条項の中で再度引用する場合，はじめの引用と再度の引用の間に他の条項がないときは「第○条」「前項」といったはじめの引用時の表記は使わず，「同」の字を用いて「同条」「同項」などと表記し

なければならない。具体例は，次に示すとおりである。

> 　**行政手続における特定の個人を識別するための番号の利用等に関する法律（平成二十五年法律第二十七号）**
>
> （措置の要求）
> 第四十条　委員会は，個人番号その他の特定個人情報の取扱いに利用される情報提供ネットワークシステムその他の情報システムの構築及び維持管理に関し，費用の節減その他の合理化及び効率化を図った上でその機能の安全性及び信頼性を確保するよう，総務大臣その他の関係行政機関の長に対し，必要な措置を実施するよう求めることができる。
> 2　委員会は，<u>前項の規定により同項の措置の実施を求めたときは，同項の関係行政機関の長に対し，</u>その措置の実施状況について報告を求めることができる。

(2)　準用と読替え

　準用とは，ある条項の規定をその本来的な対象ではない事象に当てはめ，働かせることである。

　規定を準用する場合には，準用する条項の規定と準用される事象を特定し**「・・・の規定は，・・・について準用する。」**又は**「・・・については，・・・の規定を準用する。」**と書く。

　準用は，同じ法令中の条項だけでなく，異なる法令中の条項についても行われる。両者の具体例は，次に示すとおりである。

例1　同じ法令中の条項を準用している例

女性の職業生活における活躍の推進に関する法律
（平成二十七年法律第六十四号）

（基本方針）
第五条　政府は，基本原則にのっとり，女性の職業生活における活躍の推進に関する施策を総合的かつ一体的に実施するため，女性の職業生活における活躍の推進に関する基本方針（以下「基本方針」という。）を定めなければならない。
2　基本方針においては，次に掲げる事項を定めるものとする。
（各号列記省略）
3　内閣総理大臣は，基本方針の案を作成し，閣議の決定を求めなければならない。
4　内閣総理大臣は，前項の規定による閣議の決定があったときは，遅滞なく，基本方針を公表しなければならない。
5　<u>前二項の規定は，基本方針の変更について準用する。</u>

例2　異なる法令中の条項を準用している例

都市の低炭素化の促進に関する法律（平成二十四年法律第八十四号）

（土地区画整理事業の換地計画において定める保留地の特例）
第十九条　（第1項省略）
2　<u>土地区画整理法第百四条第十一項及び第百八条第一項の規定は，前項の規定により換地計画において定められた保留地について準用する。この場合において，同条第一項中「第三条第四項若しくは第五項」とあるのは「第三条第四項」と，「第百四条第十一項」とあるのは「都市の低炭素化の促進に関する法律第十九条第二項において準用する第百四条第十一項」と読み替えるものとする。</u>

　準用はある規定を本来的な事象以外の事象に当てはめるものであるため，規定の文言を置き換えなければうまく当てはまらないことがある。この場合には，準用を定める条項において「準用する。」という規定に続けて「**この場**

合において，○○法第○条中「・・・」とあるのは，「・・・」と読み替えるものとする。」といった読替規定を設ける必要がある。上記の例2に示した都市の低炭素化の促進に関する法律第19条第2項後段の規定は，その一例である。

　読替規定の中には規定文言の機械的な置き換えではなく，政策的見地から規定の内容を修正して準用するために文言を置き換えるものがある。このような政策的な読替えは法律で規定する必要があるが，機械的な置き換えのための読替えは，次の例に示すように技術的読替えとして，政令に委任することが多い。

> **例**　**株式会社日本政策投資銀行法（平成十九年法律第八十五号）**
>
> （銀行法の準用）
> 第十条　銀行法第十二条の二，第十三条，第十三条の二，第十三条の四，第十四条，第十四条の二，第二十条，第二十一条，第二十三条及び第五十七条の四（第一号に係る部分に限る。）の規定は，前条第一項の承認を受けた会社について準用する。この場合において，これらの規定（同法第十三条の四後段及び第二十条第七項を除く。）中「内閣総理大臣」とあるのは「財務大臣及び内閣総理大臣」と，「内閣府令」とあるのは「財務省令・内閣府令」と，同法第十三条の四中「第三十八条第一号及び第二号並びに第三十八条の二」とあるのは「第三十八条の二」と読み替えるものとするほか，<u>必要な技術的読替えは，政令で定める</u>。

　多数の読替えがある場合には，立法実務上，読替規定の正確性を確認するために，読替前と読替後の条文を対比した表（読替表）が作成される。

(3)　読替え適用

　規定の読替えには，準用読替えのほかに，適用される条文を読み替えるものがある。この読替えは，もともと適用対象となっている事項のうち，特定のものについて，政策的な見地から特別に取扱うために行われる。具体例は次に示すとおりであり，ここでは東日本大震災の被災者に対する支援金について，被災者生活再建支援法における国庫補助の規定が当然に適用されるこ

とを前提として，特例的に補助率を上乗せする措置を講ずるために当該規定中の補助率を読み替えて適用している。

> **例**
> **東日本大震災に対処するための特別の財政援助及び助成に関する法律**
> **（平成二十三年五月二日法律第四十号）**
>
> （被災者生活再建支援金に係る補助の特例）
> 第五条の二　被災者生活再建支援法（平成十年法律第六十六号）第三条第一項に規定する支援金であって，平成二十三年三月十一日に発生した東北地方太平洋沖地震による災害により同法第二条第二号に規定する被災世帯となった世帯の世帯主に対するものに係る国の補助についての同法第十八条の規定の適用については，同条中「二分の一」とあるのは，「五分の四」とする。

3．表，別表等

法令を構成する要素の中には，表，別表などのように文章以外の形態で規範の内容を定めるものがある。

(1)　表と別表

表と別表は，法令の内容を簡潔明瞭に示すために用いられる形式である。表は条文の中に置かれるのに対し，別表は法令の末尾に置かれる。いずれの形式を用いるかは表又は別表に記載される事項の分量又は性格次第であり，一般的に分量がそれほど膨大でなく，法令の末尾に置く方が良いと考えられる特別な理由がない場合には，表の形式が用いられることが多い。

表は，条文中に規定内容の一部を抜き出して表記したものであり，これによって長文化や複雑化が避けられるので，各号列記と同様，条文の平易化に資することになる。

表の場合には，上下に欄が設けられる。各欄の呼称は，欄が2つの場合には上欄と下欄であり，欄が3つの場合には上欄，中欄，下欄となる。次に示すのは，2欄の具体例である。

> **例** 大規模災害からの復興に関する法律
> （平成二十五年法律第五十五号）
>
> 第十四条　（第一項省略）
> 2　次の表の上欄に掲げる事項が記載された復興計画が第十条第六項の規定により公表されたときは、当該公表の日に当該事項に係る復興整備事業の実施主体に対する同表の下欄に掲げる許可、認可又は承認があったものとみなす。
>
> | | |
> |---|---|
> | 前条第四項第一号に掲げる事項 | 都市計画法第二十九条第一項又は第二項の許可 |
> | 前条第四項第二号に掲げる事項 | 都市計画法第四十三条第一項の許可 |
> | 前条第四項第三号に掲げる事項 | 都市計画法第五十九条第一項から第四項までの認可又は承認 |
> | 前条第四項第五号に掲げる事項 | 農業振興地域の整備に関する法律第十五条の二第一項の許可 |
> | 前条第四項第六号に掲げる事項 | 森林法第十条の二第一項の許可 |
> | 前条第四項第七号に掲げる事項 | 森林法第三十四条第一項又は第二項の許可 |
> | 前条第四項第八号に掲げる事項 | 自然公園法第二十条第三項の許可 |
> | 前条第四項第九号に掲げる事項（自然公園法第二十条第三項の許可に係るものに限る。） | 自然公園法第二十条第三項の許可 |
> | 前条第四項第十号に掲げる事項 | 漁港漁場整備法第三十九条第一項の許可 |
> | 前条第四項第十号に掲げる事項（港湾法第三十七条第一項の許可に係るものに限る。） | 港湾法第三十七条第一項の許可 |

別表は表の形式による表記であるが，条文の中ではなく法令の末尾（附則の後）に置かれるものである。

別表は本則の規定と一体となって規範を示すものであり，次のような性質の規定を表記することが多い。
① 分量が膨大であるため条文の中には置きにくい規定
② 定義規定の範囲を示す，立法の根幹に関わる事項を定めるなどの性格を有し，法令の全体に影響する重要な規定
③ 法令中の複数の条文に関係する事項を表す規定

このような規定の性質に即して，別表の具体例を挙げれば，次のとおりである。

①と②の双方に該当すると考えられる例
- 地方自治法（昭和22年法律第67号）
 ＝ 法定受託事務を定めた別表
- 公職選挙法（昭和25年法律第100号）
 ＝ 国会議員の選挙区割りを定めた別表

②に該当すると考えられる例
- 国家行政組織法（昭和23年法律第120号）
 ＝ 各省の委員会・庁，副大臣の定数などを定めた別表
- 公文書等の管理に関する法律（平成21年法律第66号）
 ＝ 「独立行政法人等」その他の定義を補完するために，対象法人の名称等を表記した別表

①から③のすべてに該当すると考えられる例
- 登録免許税法（昭和42年法律第35号）の別表第一
 ＝ 課税範囲，課税標準及び税率を定めた別表

別表の場合には、表の前に自らを「別表」と表記した上で直下に括弧書きで（第○条関係）と書き、本則規定との関係を示すことになっている。また、別表が複数ある場合には「別表第一」「別表第二」・・・と区分して表示する。

(2) その他

法令を構成する要素の中には、表と別表のほかにも文章以外の形態で規範の内容を定める機能を持つものがある。

例えば、国旗及び国歌に関する法律（平成11年法律第127号）は附則の後に本則規定に対応した別記を設けており、「別記第一」は国旗である日章旗の制式を定め、「別記第二」は国歌である君が代の歌詞と楽曲を定めている。また、最高裁判所裁判官国民審査法（昭和22年法律第136号）と日本国憲法の改正手続に関する法律（平成19年法律第51号）は、投票用紙を別記様式に準じて調整しなければならないとする本則の規定を受けて、附則の後に、投票用紙の「別記様式」を設けている。このように、別記も別表と同様に本則の規定と一体となって規範を示している。

8 一部改正方式

1．一部改正法令の一般的事項

(1) 一部改正法令の本則

　一部改正法令は改正対象法令とは別個の存在であるが，改め文から成る本則の規定は，施行時には，対象法令を改正するという役割を完了し，いわば改正対象法令に溶け込んでしまった状態となる。一部改正法令の施行後において具体の事象に適用される規範は，改め文によって改正された後の対象法令の規定であり，改め文それ自体ではない。

(2) 一部改正法令の附則

　一部改正法令の附則には，その本則規定とは異なる役割を持った規定がある。例えば，一部改正法附則には特定の事象を対象として経過的な特例を定める経過措置や，一定期間経過後の検討義務を政府などに課す検討条項が規定されることがある。これらは一部改正法施行後において，それ自体が具体の事象に適用される規範となる。

　このため，市販の法令集では現行法の規定を登載するに当たり，過去の改正法附則にある経過措置や検討条項を参考掲載している例が多い。

　なお，一部改正法の施行後，諸情勢の変化に応じて附則に規定されている経過措置などの内容が改正されることがあり，その場合には一部改正法の一部改正法（「○○法の一部を改正する法律の一部を改正する法律」という題名の法律）が制定される。

(3) 法案一括化の基準

　一部改正法令では趣旨を同じくする複数の法令改正を同時期に行う場合，

立法の合理性と効率性に鑑み，1本の法令にまとめて行うことがある。これを法令改正の一括化といい，政府が改正法案を一括化して提出する場合には，次のような基準を満たす必要があるとされている。
　① 一括化の対象となる法律改正に共通した政策目的があること。
　② 一括化の対象となる法律改正の条項に相互の関連性があること。
　③ 国会の委員会審議について，法案の具体的な内容に照らしつつ，適切な考慮が払われていること。

　この基準は，国会審議における政府答弁（昭和60年4月10日衆議院大蔵委員会における茂串内閣法制局長官の答弁）により明らかにされ，以後の立案に適用されている。

(4) 一部改正法令の題名

　一部改正法令の題名は，本則で改正対象とする法令の本数に応じて付けられる。法律の場合には，次のようになる。
　① 1本の場合　　　：　A法の一部を改正する法律
　② 2本の場合　　　：　A法及びB法の一部を改正する法律
　③ 3本以上の場合：　A法等の一部を改正する法律

　このうち，②と③については，若干の例外がある。
　②のうち「A法」と「A法の一部を改正する法律」を本則で改正する場合には，両者の親近性を考慮し「A法等の一部を改正する法律」とする。
　③のうち特定の政策目的を実現するために多数の法令を改正する場合であって，「A法等」とする代表的な改正対象法令を定めにくいときはその政策目的を冠して「・・・ための関係法律の整備に関する法律」とする。このような整備法の具体例としては，地域の自主性及び自立性を高めるための改革の推進を図るための関係法律の整備に関する法律（平成23年法律第37号）などがある。

なお、②の場合又は③のうち整備法ではなく「A法等の‥」とする通常の場合にも、一括化の趣旨を明確に示すため、共通する政策目的を題名の冒頭に掲げることがある。具体例としては、資本市場及び金融業の基盤強化のための金融商品取引法等の一部を改正する法律（平成23年法律第49号）などがある。このように題名の冒頭に敢えて政策目的を掲げた格好となっている法律は、「冠法（かんむりほう）」と呼ばれている。

(5) 二段ロケット方式

一部改正法においては1つの法律改正は1つの条で規定するのが原則であり、いわゆる大改正であっても改正対象が1つの法律である限り「A法の一部を次のように改正する。」という改正文と、これに続く改め文が一体となった1つの条で行われる。

この原則の例外として、同一の法律の改正をあえて複数の条に分けて行うことがあり、このような改正の方式は条の数に応じ「二段ロケット」「三段ロケット」などと呼ばれている。この方式は多数の改正事項があり、その施行期日を改正の趣旨に応じて複数の段階に分ける場合に、改正対象法の同一条項に関する改正を段階的に（すなわち、複数の施行期日ごとに）行う必要があるときに用いられるほか、次に示す例のように施行期日をわかりやすく書くために用いられることもある。

> **例**
> **金融商品取引法等の一部を改正する法律（平成二十四年法律第八十六号）**
>
> 〈本則〉
> 第1条：金融商品取引法の一部改正
> 　　　　インサイダー取引規制及び課徴金制度の見直し
> 第2条：金融商品取引法の一部改正
> 　　　　総合的な取引所の実現に向けた制度の整備
> 第3条：金融商品取引法の一部改正
> 　　　　店頭デリバティブ取引に関する制度改正

```
第4条：商品先物取引法の一部改正
第5条：金融商品の販売等に関する法律の一部改正
〈附則〉
〈施行期日〉
第2，4，5条（本体施行）：　公布の日から起算して1年6月を超えない範囲内
　において　政令で定める日
第1条：公布の日から起算して1年を超えない範囲内において政令で定める日
第3条：公布の日から起算して3年を超えない範囲内において政令で定める日
```

2．一部改正方式の概要

(1) 改正方式の基本原則

改正法令の本則規定は，次のような原則に従って書かれている。

① 先ず，改正文として次のような柱書きを書く。
「○○法（平成○年法律第○号）の一部を次のように改正する。」
改正文は，一条建てであれば題名の次行に書き，複数の条建てであれば第○条という各条名の直後に1字空けで書く。

② 改正文に続いて，改正の内容を示す改め文を書く。改め文は次のような対象法令の構成要素の順に規定する。
題名，目次，本則，附則，別表等

③ 本則及び附則における各条項号の改正は，原則として前から順に，すなわち条項号名の若い順に行う。

④ ③の例外として，条項号の追加を行う場合には追加される条項号を納めるスペースを作るため，追加に先立って，後ろにある条項号の繰下げを行う。

⑤ ④の繰下げを行う際，繰下げ対象の条項号について字句の改正があるときには，その改正をしながら繰下げを行う。

次に掲げるのは，改正文と改め文が①から⑤の原則に従って規定されていることを示す例である。この例にある金融商品取引法第112条の改正規定では，同条にある2つの項の間に1項を追加する改正が行われているが，追加に先立って第2項を改正しながら第3項に繰り下げている。

> **例**
> **金融商品取引法等の一部を改正する法律（平成二十四年法律第八十六号）**
>
> （金融商品取引法の一部改正）
> 第一条　金融商品取引法（昭和二十三年法律第二十五号）の一部を次のように改正する。
> 　　　　　　　　　　（略）
> 第二条　金融商品取引法の一部を次のように改正する。
> 　目次中「第四十条の五」を「第四十条の六」に，「第百五十三条の四」を「第百五十三条の五」に改める。
> 　第二条第一項第十九号中「類似の取引」の下に「（金融商品（第二十四項第三号の二に掲げるものに限る。）又は金融指標（当該金融商品の価格及びこれに基づいて算出した数値に限る。）に係るものを除く。）」を加え，（略）
> 　第百十二条第二項中「前項」を「前二項」に改め，「第九十五条中」の下に「「次に掲げる事由」とあるのは「次に掲げる事由（第百五十一条に規定する商品取引参加者にあつては，第一号に掲げる事由を除く。）」と，」を加え，同項を同条第三項とし，同条第一項の次に次の一項を加える。
> 　2　前項に定めるもののほか，会員金融商品取引所は，定款の定めるところにより，当該会員金融商品取引所の開設する取引所金融商品市場において商品関連市場デリバティブ取引のみを行うための取引資格を与えることができる。この場合において，個人，第二十九条の四第一項第一号イ若しくはロに該当する者又はその役員のうちに同項第二号イからトまでのいずれかに該当する者のある法人に対しては，取引資格を与えてはならない。

(2) 枝番号

　枝番号というのは，条名，号名及び章，節などの本則の区分名に関する表記の一形態であり，「第六十条の二」「三の二」「第三章の二」といったように，条，号，章などが枝分かれしたように見える番号のことをいう。項には枝番号は用いられない。

　条項号の追加を行う場合には追加に先立って後ろにある条項号の繰下げを行う，とする改正方式の基本原則（前記2.(1)④）は，章，節等を追加する場合にも適用されるが，条又は号の追加や章，節等の追加を行う場合にこのような繰下げを回避するため，枝番号を付けた条号や章，節等を追加する方式が用いられることがある。

　例えば，第60条の次に条を2つ追加する場合には，本来，追加に先立って現行の第61条以下の条文を2つずつ繰り下げなければならないが，枝番号を使えばこのような繰下げを行う必要がなく，単に「六十条の二」と「六十条の三」を追加すれば良い，ということになる。

　枝番号による追加の方式は，条号（章，節等を含む）について次のような事情がある場合に用いられる。

① きわめて多数の条号の途中に条号を追加する場合に，後ろの条号の繰下げのために膨大かつ複雑な改正規定の作成が必要となる。

② 後ろの条号を引用する規定が改正対象法律又は他法に多数ある場合には，後ろの条号の繰下げに伴い，これらの多数の引用規定について（引用する条号名を改正するために）更なる改正が必要となる。

　なお，枝番号が用いられている号名の表記は「〇の〇」であるが，この号を引用する際には「第〇号の〇に規定する・・」などと表現する。

　また，枝番号は立法効率の観点から用いられるものであり，前の条号との内容的な関連性に着眼したものではない。したがって「第〇条の二」は，枝番号であるからといって，直前の条と内容的に特に親密な関係にあることを表しているわけではない。

(3) 削除表記

　削除表記というのは、条、号及び章、節などの本則の区分の内容に関する表記の一形態であり、「第六十条　削除」「三　削除」「第三章　削除」といったように、条、号、章などの内容を「削除」という文言だけで表したものである。このような「削除」の文言だけを表記する条、号、章などは規範の実質がなく、形式的に存在するに過ぎない。項には「削除」の文言だけを表記する形式は用いられない。

　条項号を削除する場合には、削除を行った後に削除した箇所が空白のスペースとして残らないよう、後ろにある条項号を繰り上げなければならないこととなっている。この点は、章、節等を削除する場合も同様であるが、このような後続の条、号、章等の繰上げを回避するため、「削除」の表記への置き換えによって条、号、章等を形式的に残しつつ、実質的に削除する方式が用いられることがある。

　例えば、第60条を削除する場合には、本来、削除した後に現行の第61条以下の条文を1つずつ繰り上げなければならないが、「第六十条を削る。」として名実ともに第60条を削除する代わりに、「第六十条を次のように改める。」とした上で、次行で「第六十条　削除」とすれば、形式的には第60条が残るので後続条文の繰上げを回避しつつ、実質的には第60条を削除したのと同様な結果を得ることができる。

　このような「削除」の表記への置き換えによる実質的な削除の方式は、条号（章や節を含む）について、次のような事情がある場合に用いられる。

①　きわめて多数の条号の途中にある条号を削除する場合には、後ろの条号の繰上げのために、膨大かつ複雑な改正規定の作成が必要となる。

②　後ろの条号を引用する規定が改正対象法律又は他法に多数ある場合には、後ろの条号の繰上げに伴い、これらの多数の引用規定について（引用する条号名を改正するために）更なる改正が必要となる。

3. 題名の改正

題名の改正に関する規定は，次のような書き方をする。

(1) 題名を改める場合

現行法令の題名を改める場合には，改める程度に応じて，次のような書き方をする。
- **題名中「〇〇〇」を「×××」に改める。**
- **題名を次のように改める。**
    〇〇法

(2) 題名を付与する場合

題名のない法令に題名を付与する場合には，次のような書き方をする。
- **次の題名を付する。**
    〇〇法

4. 目次の改正

目次の改正に関する規定は，次のような書き方をする。

(1) 章，節等の変更に伴って目次を改正する場合

章名，節名等の変更や章，節等に属する条文の変更に伴い，これに対応する目次中の表記を改正する場合には，次のように書く。
- **目次中「〇〇〇」を「×××」に改める。**

この場合，「目次中第〇章の章名を次のように改める。」といった書き方はしない。

(2) 章，節等の追加に伴って目次を改正する場合

① 章，節等が繰下げ方式によって追加されることに伴い目次を改正する

場合には，追加によって影響される部分を引用し，「改め」方式によって表記する。

　例えば，本則の最終章である第4章を第5章に繰り下げた上で，新たな第4章を追加することに伴う目次の改正は，次のように規定する。

- 目次中「第四章　罰則（第○条―第○＋3条）」を
「第四章　△△（第○条―第○＋5条）
　第五章　罰則（第○＋6条―第○＋9条）」に改める。

② 章，節等が枝番号方式によって追加されることに伴い目次を改正する場合には，次のように「改め」方式により，追加される章，節等をその直前にある章，節等と合わせて表記する。

- 目次中「第一章　総則（第一条―第三条）」を
「第一章　総則（第一条―第三条）
　第一章の二　△△（第三条の二―第三条の五）」に改める。

　この場合，「目次中第○章の次に次の一章を加える。」といった書き方はしない。

(3) 章，節等の削除に伴って目次を改正する場合

① 章，節等が繰上げ方式によって削除されることに伴い目次を改正する場合には，削除によって影響される部分を引用し，「改め」方式によって表記する。

　例えば，5章から成っている本則の第4章を削除した後に，第5章を第4章に繰り上げることに伴う目次の改正は，次のように規定する。

- 目次中「第四章　○○（第○条―第○＋5条）
　第五章　罰則（第○＋6条―第○＋9条）」を
「第四章　罰則（第○条―第○＋3条）」に改める。

② 章,節等が「削除」方式によって実質的に削除されることに伴い目次を改正する場合には,次のように,「削除」の表記に置き換わる部分を引用し,「改め」方式によって表記する。

- **目次中「第三節　○○（第○条—第△条）」を「第三節　削除」に改める。**

③ 本則,章等の末尾にある章,節等が削除されることに伴い目次を改正する場合には,単純に「**目次中「第○章の三　○○（第○条—第△条）」を削る。**」などと書く。

(4) 目次を全部改正する場合

目次を全部改正する場合には,次のように書く。

　　目次を次のように改める。

　　目次

　　　第一章　総則（第一条—第○条）

　　　　　　（第二章以下,本則の章名と属する条文の範囲を規定）

　　　附則

(5) 目次を新設する場合

目次の新設は,通常,章名等の付与と同時に行われるので,次のように目次とともに章名等を付与する旨を表記する。

　　題名の次に次の目次及び章名を付する。

　　目次

　　　第一章　総則（第一条—第○条）

　　　　　　（第二章以下,本則の章名と属する条文の範囲を規定）

　　　附則

　　　　第一章　総則

5. 章節等の改正

章，節等の改正に関する規定は，次のような書き方をする。

(1) 章名等を改正する場合

章名等を改正する場合には，次のような2通りの書き方がある。
- 第○章の章名を次のように改める。
    第○章　×××
- 第○章の章名中「○○○」を「×××」に改める。

(2) 章等の全部を改める場合

章等について，属する条文を含めその全部を改める場合には，次のように書く。

第○章を次のように改める。
　　第○章　×××
　　（以下，第○章の条文（及び節名等）を規定）

(3) 章等を追加する場合

章等の区分のある法令に新たな章等を追加する場合には，次のように書く。

① 章等を本則等の末尾に追加する場合

章，節等を本則，章等の末尾に追加する場合には，次のように書く。
- 本則に次の一章を加える。
    （以下，追加する一章の章名及び条文を規定）
- 第○章に次の二節を加える。
    （以下，追加する二節の節名及び条文を規定）

② 章等を繰下げ方式によって追加する場合

例えば、3章から成る法令の第2章と第3章の間に1章を追加する場合には、次のような手順と書き方が必要となる。

(第三章に属する条文の繰下げを行った後,)

第三章を第四章とし、第二章の次に次の一章を加える。

　　第三章　○○

　　(以下、第三章の条文を規定)

③ 章等を枝番号方式によって追加する場合

例えば、枝番号方式によって第2章と第3章の間に1章を追加する場合には、次のように書く。

第二章の次に次の一章を加える。

　　第二章の二　○○

　　(以下、第二章の二の条文（枝番号）を規定)

(4) 章等を削除する場合

章等について、属する条文を含めて削除する場合には次のように書く。

① 法令等の末尾にある章等を削除する場合

法令、章等の末尾にある章、節等を削除する場合には、単に「**第○章を削る。**」などと書く。

② 章等を繰上げ方式によって削除する場合

例えば、4章から成る法令のうち第3章を削除する場合には、次のような手順と書き方が必要となる。

第三章を削る。

　　(第四章にある条文の繰上げを行った後,)

第四章を第三章とする。

③　章等を「削除」方式によって実質的に削除する場合

　例えば，多数の章から成る法令のうち第３章を「削除」方式によって実質的に削除する場合には，次のように第３章の章名と第３章に属する条文（第○条から第○＋α条まで）を「削除」の文言に置き換えるような書き方をする。

　第三章を次のように改める。
　　　　第三章　削除
第○条から第○＋α条まで　削除

(5)　章の中に節等の区分を新設する場合

　章の中に節等の区分を新設する場合には，次のように書いて節名等を付与する。
　第○章中第○条の前に次の節名を付する。
　　　　第一節　○○
　第△条の次に次の節名を付する。
　　　　第二節　○○
　　　（第三節以下についても同様）

(6)　章等の区分を新設する場合

　章等の区分のない法律に当該区分を新設する場合には，通常は目次が付与されるので，次のように目次を付与した上で章名等を付与する。
　題名の次に次の目次及び章名を付する。
　目次
　　第一章　総則（第一条―第○条）
　　　（第二章以下，本則の章名と属する条文の範囲を規定）
　　附則
　　　第一章　総則
　第○条の次に次の章名を付する。
　　　　第二章　○○
　　　　　（第三章以下についても同様）

6. 見出しの改正

見出しの改正に関する規定は、次のような書き方をする。

(1) 一般的な改正方法

共通見出し以外の見出しを改正する場合には、次のように書く。

① 見出しの一部を改正する場合

例えば、（業務の登録）を（業務の届出）と改める場合には、次のように書く。

第○条の見出し中「登録」を「届出」に改める。

② 見出しの全部を改正する場合

例えば、（立入検査）を（調査のための処分）と改める場合には、次のように見出しの前後の括弧書きを含めて書く。

第○条の見出しを「（調査のための処分）」に改める。

③ 見出しを新設する場合

見出しの付いていない条に新たに見出しを付ける場合には、次のように書く。

第○条に見出しとして「（×××）」を付する。

(2) 特記事項

① 共通見出しの場合

共通見出しを引用する場合には、改正規定において「第○条の前の見出し中」「第○条の前の見出しを」「第○条の前に見出しとして」などと書く。

② 見出しと条文の同時改正

見出し中の字句と条文中の字句を同時に改める場合には、次のように書く。

第○条（見出しを含む。）中「○○○」を「×××」に改める。

7．条項号の改正

条項号の改正には，①条項号中の字句の改正，②条項号の全部改正，③条項号の追加，④条項号の削除という4つの種類がある。

(1) 条項号中の字句の改正

① 字句改正の種類と書き方

条項号中の字句の改正には，字句の変更，追加，削除という3つの種類があり，それぞれの書き方は次のとおりである。

- 条項号中の字句を変更する場合
  第○条第○項中「○○○」を「×××」に改める。
- 条項号中に字句を追加する場合
  第○条第○項中「○○○」の下に「×××」を加える。
- 条項号中の一部の字句を削除する場合
  第○条第○項中「○○○」を削る。

なお，条項号の冒頭に字句を追加するときは「「○○」の上に「◎」を加える。」とは書かず，冒頭の語を改める形式を用いて，「「○○」を「◎○○」に改める。」と書く。

② 改正箇所の特定

字句の改正を行う箇所は，条項号の最小単位によって特定する。

例えば，条が1条建てでなく項に分かれているときは「**第○条第○項中○○○**」とし，条や項の中の号における字句を改正するときは，「**第○条第○項第○号中○○○**」とする。

さらに，条や項が，本文とただし書に分かれているときには，「**第○条第○項ただし書中○○○**」とする。

なお，条や項に各号列記がある場合に柱書の中の字句を改正するときには，「**第○条第○項各号列記以外の部分中・・・**」とする。

最小単位による特定には例外があり，法令全体の随所に又はある章等の随所に多数用いられている字句をすべて同様に改める場合には，その字句が所在する個々の改正箇所を特定せず，本則又は章等の冒頭で次のように書いて字句を一斉に改正する。

本則中（第○章中）「○○○」を「×××」に改める。

③　改め文の区切り方

条項号中の字句を改正する場合には，原則として条ごとに1つの文章とする。したがって，対象となる条が項に分かれていて各項の字句を改正する場合においても，項ごとに文章を区切らず連続した1つの文章とする。

同一の条項号中について複数の字句改正を行う場合には，条項号の中で字句改正すべき箇所が到来する順に行う。その際，字句変更が連続するときは「改め」の文言を1つにまとめる。

例えば，2項建ての条の各項を改正するときには，以上の原則に従い改め文を次のように書く。

　　第○条第一項中「A」を「ア」に改め，「B」の下に「イ」を加え，「C」を「ウ」に，「D」を「エ」に改め，同条第二項中「E」を削り，「F」を「オ」に改める。

このような「条ごとに1つの文章」という原則にも，例外がある。

第1は，改正の内容が複数の条に共通する場合であって，それらの条の途中にある条に他の改正がないときは，その改正を1つの文章で書く。

例えば，1項建ての条である第5条と第8条に共通する改正を行う場合であって，その間に他の改正がないときは，「**第五条及び第八条中「○○○」を「×××」に改める。**」とする。

第2は，複数の項建ての条を改正する場合に，最後の項より前にある項に

ついて，その全部を改め，又は各号を追加する場合には，そこで文章をいったん区切り，後にある項の改正は行を改めて別の文章で書く。

　例えば，3項建ての条の各項を改正する場合であって，第2項の全部を改めるときは，次のように書く。

> 第○条第一項中「○○○」を「×××」に改め，同条第二項を次のように改める。
> 　2　（第二項の規定）
> 第○条第三項中「○○○」を「×××」に改める。

　また，例えば，3項建ての条の各項を改正する場合であって，第2項にある3つの号に1号を追加するときは，次のように書く。

> 第○条第一項中「○○○」を「×××」に改め，同条第二項に次の一号を加える。
> 　四　（第四号の規定）
> 第○条第三項中「○○○」を「×××」に改める。

④　引用字句の範囲

「「‥」を「‥」に改める。」とする場合に「　」内に引用する字句は，改正に必要な最小の範囲とするが，語句としてのまとまりを失わせるような字句の切り取りは行わない。

　例えば，「五千円以上」という文言を「一万円以上」という文言に改める場合には，「以上」という共通部分は引用せず「**「五千円」を「一万円」に改める。**」とするが，次のような文言の改正を行う場合には，語句としてのまとまりを考慮する必要がある。

- 平成二十八年十月一日　→　平成二十九年十月一日
- 第五条第六項　→　第五条第七項

　この場合，改正前後の字句を分解して対比すると「八」を「九」に，「六」を「七」に変えるだけということになるが，このような文言は特定の年月日

や項名を一体的に表すものであるので，変更される字句だけを切り取って改めることはせず「「平成二十八年十月一日」を「平成二十九年十月一日」に改める。」，あるいは「「第五条第六項」を「第五条第七項」に改める。」と書く。

⑤　句読点の取扱い

句読点のある文章に字句を追加する場合には，留意すべきことがある。

例えば「第一条，第二条・・・」とある条文に「第一条の二」を追加して「第一条，第一条の二，第二条・・・」とする場合には，「「第一条,」の下に「第二条の二,」を加える。」とは書かず，「**「第一条」の下に「，第一条の二」を加える。**」と書く。

これは，句読点が直前の字句ではなく，直後の字句に属するという考え方によるものとされている。

(2)　条項号の全部改正

条項号の全部を改正する場合には，次のように「○○○を次のように改める。」という柱書きを書いた後に，改行して改正後の条項号を書く。

- **第○条第三項を次のように改める。**

3　（第三項の規定）

(3)　条項号の追加

① 本則，条項の末尾に条項号を追加する場合

本則，条項の末尾に条項号を追加する場合には，次のように書く。

〈本則の末尾に条を追加する場合〉

次のような2通りの書き方がある。

- **本則に次の一条を加える。**
- **第○条（＝本則最後尾の条）の次に次の一条を加える。**

〈条の末尾に項を追加する場合〉

- **第○条に次の二項を加える。**

〈項の末尾に号を追加する場合〉
- 第○条第○項に次の一号を加える。

② 繰下げ方式と枝番号方式

　条項号を追加する場合であって、上記①以外の場合には、先に述べたように、追加に先立って後ろにある条項号の繰下げを行うのが原則であるが、条又は号を追加する場合には、このような繰下げを回避するため枝番号を付けた条又は号を追加する方式を用いることができる。このような枝番号方式を用いる場合には、次のような書き方になる。

- 第八条の次に次の一条を加える。
　第八条の二　（追加された第八条の二の規定）

　なお、項番号のない条の途中に項を追加する場合には追加に先立って後ろにある項を繰り下げる必要はない。これは、項番号のない項は位置が番号で固定されていないため、新しい項を追加すれば後ろにある項はいわば自動的に繰り下がると観念されているからである。

③ 繰下げ方式の書き方

　条項号の繰下げは、最後尾にある条項号から順次行う。その際、最後尾の条項号を繰り下げた後に、繰下げ対象の条項号が３つ以上あって、かつ、これらの条項号についての改正がない場合には、これらを一括して繰り下げる。

　例えば、10条からなる本則の第五条の次に一条を追加する場合には次のように書く。

- 第十条を第十一条とし、第六条から第九条までを一条ずつ繰り下げ、第五条の次に次の一条を加える。
　第六条　（新第六条の規定）

④　本則, 条項号の冒頭に条項号を追加する場合

　本則, 条項号の冒頭に条項号を追加する場合にも, 追加に先立って冒頭にスペースを作るための条項号の繰下げを行うが, その後で新たな条項号を追加する際の表現としては,「‥の前に‥を加える。」という書き方と「第一〇として‥を加える。」という書き方があり, 最近の実務では, 条と号には前者が, 項には後者が用いられている。

　例えば, 2号からなる各号列記の冒頭に1号を追加する場合と2項建ての条の冒頭に1項を追加する場合には, 次のように書く。

- **第〇条第〇項中第二号を第三号とし, 第一号を第二号とし, 同号の前に次の一号を加える。**
- **第〇条中第二項を第三項とし, 第一項を第二項とし, 同条に第一項として次の一項を加える。**

⑤　条追加の箇所が章等の境目となる場合

　章等の最初又は最後に新たな条を追加する場合には, 所属する章等について誤解が生じないよう, 所属する章名等を明示する。

〈章等の最初に追加する場合〉

- **第〇章中第〇条の前に次の二条を加える。**

〈章等の最後に追加する場合〉

- **第〇章中第〇条の次に次の二条を加える。**

⑥　ただし書等の追加

　条項中にただし書又は後段を追加する場合には, 次のように, ただし書と後段で異なった書き方をする。

〈ただし書を追加する場合〉

- **第〇条に次のただし書を加える。**

〈後段を追加する場合〉

- **第〇条に後段として次のように加える。**

(4) 条項号の削除

① 本則，条項の末尾にある条項号を削除する場合

本則，条項の末尾にある条項号を削除する場合には，単に「**第○条第○項を削る。**」などと書く。

② 繰上げ方式と削除表記方式

条項号を削除する場合であって，上記①以外の場合には，先に述べたように，削除を行った後に，後ろにある条項号を繰り上げなければならないが，条又は号については「削除」の表記への置き換えによって実質的に削除する方式を用いることができる。このような削除表記方式を用いる場合には，次のような書き方になる。

- 第○条第○項第三号を次のように改める。
   三　削除
- 第A条から第C条までを次のように改める。
   第A条から第C条まで　削除

なお，項番号のない条の途中にある項を削除する場合には削除した後に後ろにある項を繰り上げる必要がない。これは，項番号のない項は位置が番号で固定されていないため，項を削除すれば後ろにある項はいわば自動的に繰り上がると観念されているからである。

③ 繰上げ方式の書き方

条項号の繰上げは，削除した条項号に最も近い箇所にある条項号から順次行う。その際，直近の条項号を繰り上げた後に，繰上げ対象条項号が3つ以上あって，かつ，これらの条項号についての改正がない場合には，これらを一括して繰り上げる。

例えば，10条からなる本則の第5条を削除する場合には，次のように書く。

　　第五条を削り，第六条を第五条とし，第七条から第十条までを一条ずつ

繰り上げる。

8．表の改正

表の改正には，①表中の字句の改正，②表中の項（縦の区分）の全部改正，③表中の項の追加，④表中の項の削除，⑤表の全部改正，⑥表の新設，⑦表の削除という7つの種類がある。

別表の改正についても同様な種類があり，次に示す表の改正の書き方は，別表の改正の書き方にも共通する。

(1) 表中の字句の改正

表中の字句を改正する場合には，その字句が存在する項（表中の縦の区切り）を特定し，次のように書く。

- 第○条の表○○の項中「○○○」を「×××」に改める。

(2) 表中の項の全部改正

表中の項を全面的に改める場合には，次頁の例(1)のように書く。

(3) 表中の項の追加

表中の項を追加する場合には，次のような2通りの書き方がある。

① 「加える」方式による方法

次頁の例(2)のように，「加える」方式により，追加する項のみを表中の項として表記する方法。

② 「改め」方式による方法

次頁の例(3)のように，「改め」方式により，追加する項とともに直前にある項を表中の項として表記する方法。

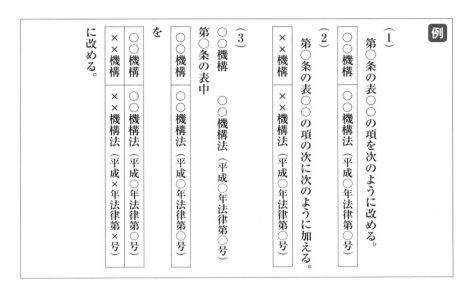

(4) 表中の項の削除

表中の項を削除する場合には，次のように書く。

- 第○条の表○○の項を削る。

(5) 表の全部改正

表を全部改める場合には，次のように書く。

- 第○条の表を次のように改める。
    （全部改正後の表を規定）

(6) 表の新設

表のない条項に表を新設する場合には，次のように書く。

- 第○条に次の表を加える。
    （新設する表を規定）

なお，別表のない法令に別表を新設する場合には，次のように書く。
- **附則の次に次の別表を加える。**
   （新設する別表を規定）

(7) 表の削除
表を全部削除する場合には，次のように書く。
第○条の表を削る。

9 用　字

1. 漢字使用

　公用文における漢字の使用については，「公用文における漢字使用等について」と題する平成22年の内閣訓令第1号がその基準を示している。この訓令は同年の常用漢字表の告示と同時に出されたものであり，そこには「公用文における漢字使用は，常用漢字表の本表及び付表によるものとする」という原則とともに，多数の留意点と用例が示されている。

　政府が立案する法令における漢字使用については，この訓令を受けて，内閣法制局が各省庁に発出した平成22年通知に示されている。この通知には「法令における漢字使用は，常用漢字表の本表及び付表並びに内閣訓令によるものとする」という原則とともに，多数の留意点と用例が示されている。

　この内閣法制局通知及び内閣訓令には，漢字の使用に関し，次のようなことが記載されている。

(1)　副詞の表記

　「既に」「直ちに」などのような副詞は，原則として，漢字で書く。

(2)　接続詞の表記

　「ただし」「かつ」などのような接続詞は，原則として，仮名で書くが，次の4語は漢字で書く。
　「及び」「並びに」「又は」「若しくは」

(3)　新規の漢字使用

　平成22年の常用漢字表の改訂により，漢字を使用して書けるようになった

語句として次のようなものがある。

隠蔽　覚醒　毀損　禁錮　勾留　失踪　進捗　遡及　貼付
賭博　剥奪　破綻　汎用　捕捉　補填　明瞭　拉致　賄賂
関わる　鑑みる　遡る　全て

(4) 専門用語に関する特例

専門的な用語で，言い換える言葉がなく，仮名で表記すると理解が困難と認められるものについては，常用漢字以外の漢字であっても，次のように振り仮名を付けて使用することができる。

暗渠（きょ）　按（あん）分　蛾（が）　瑕疵（かし）　涵（かん）養　強姦（かん）　砒（ひ）素　埠（ふ）頭

(5) 熟語の一部が常用漢字でない場合の取扱い

熟語の一部が常用漢字でない場合には，取扱いが分かれる。

① 「斡旋」「煉瓦」はともに前の字だけが常用漢字でないが，あえて全部を平仮名書きにして，「あっせん」「れんが」と書く。
② 「僻地」は前の字だけ，「漏洩」は後の字だけが常用漢字でないので，交ぜ書きにして，「へき地」「漏えい」と書く。

2. 送り仮名

先に述べた内閣法制局の平成22年通知は，法令における送り仮名の付け方についても「送り仮名の付け方」と題する昭和48年内閣告示を引用しつつ，これに依拠した基準を示している。

この内閣法制局通知及び内閣告示には，送り仮名に関し，次のようなことが記載されている。

(1) 活用のある語

活用のある語については「書く」などのように，活用語尾を送るのが原則であるが，次のような例外もある。

「著しい」「明らかである」「及ぼす」

(2) 活用のない語

　名詞には送り仮名を付けないのが原則であるが，「半ば」「三つ」「届け」といった例外もある。

　副詞，連体詞，接続詞は，「最も」「及び」などのように，最後の音節を送るのが原則であるが，「並びに」と「若しくは」はその例外である。

(3) 複合の語

　複合の語（漢字2字以上を使って書き表す語）については，取扱いが3通りに分かれる。

① 活用のある語については，「取り扱う」「申し込む」など，それぞれの語の送り仮名を付ける。

② 活用のない語で読み間違えるおそれのないものについては，「取扱い」「申込み」など，途中の送り仮名を省略する。

③ 活用のない語のうち，次のようなものは，慣用に従って送り仮名をまったく付けない。

　「貸付」「取引」「申込書」「小売商」

3. 拗音と促音

　拗音とは，「きゃ」「しゅ」「びょ」などのように，「や」「ゆ」「よ」の小文字を添えて表す音節のことである。促音とは，「場合にあっては」の中にある「あっ」のように，「つ」の小文字を添えて表す音節のことである。

　拗音と促音における「やゆよつ」は現在では小文字で表記されているが，かつては大文字で，「あつては」などと表記されていた。拗音と促音の小文字表記（以下「小書き」という。）は，昭和61年に発出された現代仮名遣いに関する内閣告示によって奨励され，急速に浸透していった。これを受けて，昭和63年に内閣法制局の通知が発出され，原則として，翌年以降の政府提出

法案及び政令については拗音と促音を小書きにするが，それ以前に制定された法律又は政令を一部改正する場合には拗音と促音をもとの表記に従って大文字とすることとされた。

したがって，現行法令に多くみられる促音の例についていえば「‥にあっては」と小書きで表記されているのは当初の制定が平成元年以降の法令であり，それ以前の法令では「‥にあつては」と大文字の表記になっている。

法令における拗音の使用はあまり多くないが，法律における使用例としては次のようなものがある。

① 　しゅんせつ：環境基本法（平成5年法律第91号）など
　　 しゆんせつ：湖沼水質保全特別措置法（昭和59年法律第61号）など
② 　ばれいしょ：独立行政法人農畜産業振興機構法（平成14年法律第126号）など
　　 ばれいしよ：砂糖及びでん粉の価格調整に関する法律（昭和40年法律第109号）など
③ 　びょう泊：領海等における外国船舶の航行に関する法律（平成20年法律第64号）
　　 びよう泊：海上衝突予防法（昭和52年法律第62号）など

4．句読点

(1) 句　点

句点とは，文章の終わりを示すために打たれるマル（。）のことである。

法令においては動詞形で終わる文章には句点を付け，名詞形で終わる文章には句点を付けないのが原則であるが，各号に列記された文章が「こと」又は「とき」で終わる場合には句点を付けることとなっている。

(2) 読　点

読点とは，文章中の字句と字句の区切りを示すために打たれるテン（，）のことである。

法令における読点は，一般の文章の場合と同様に，字句と字句の区切りを示すことによって条文を読みやすくするために用いられる。具体的にどこで読点を打てば条文が読みやすくなるかは条文の内容次第であるが，一般的には，次のような考え方の下に読点が用いられている。

① 読点を付ける場合
次のような箇所には，必ず読点を付ける。
- 文章が対句の構造になっている場合：対句の間
- 「ただし」と「この場合において」の後
- 字句と字句をつなぐ「かつ」の前後
- 動詞を並列する場合：並列されている動詞の間
  ㈲ 目録を作成し，公表しなければならない。
- 条文全体の主語の後
- 文章中に条件節（対句の中にあるものを除く。）がある場合：条件節の後

② 読点を付けない場合
次のような箇所には，読点を付けない。
- 条件節の中にある主語の後
- 対句の中にある主語や条件節の後

5. 外来語等

法令で外来語を使う場合には，一般の文章の場合と同様に，片仮名で表記する。外来語は法令の中で，**インターネット**，**サービス**，**スポーツ**など，日本語として定着し，意味に紛れのないものが定義されずに用いられるほか，**公共サービス**，**電子メール**，**ストーカー行為**など，日本語と連結した定義語となって用いられることがある。

なお，法律の中には，在外公館の名称及び位置並びに在外公館に勤務する外務公務員の給与に関する法律（昭和27年法律第93号）のように，外国の国

名や地名を規定事項とするものがあり，同法の別表では在外公館の位置を示す国名と地名が片仮名で表記されている。

6. 数　字

　法令の中で数字を表す場合には，項番号のような例外を除き，漢数字によって表記する。この場合，発音に即して「第十条」「平成二十八年十月」「十五万円」などと表記するのが原則であるが，厚生年金保険法（昭和29年法律第115号）第20条（標準報酬月額の規定）などのように，表形式で多くの金額を示す場合に「一五〇，〇〇〇円」といったように，発音から離れた数字の羅列によって表記することもある。

　なお，一般職の職員の給与に関する法律（昭和25年法律第95号）では，末尾の別表を横書きの形式とし，給与の金額を算用数字で表記している。

7. 記　号

　法令の中では，括弧や中黒などの記号も使われている。

(1) かぎ括弧

　かぎ括弧である「　」は，法令中の字句の範囲を示す記号として，次のような場合に用いられる。

- 定義語・略称を示す場合
- 準用読替え，読替え適用の読替え部分を示す場合
- 一部改正法令において，字句の改正部分を示す場合

(2) まる括弧

　まる括弧である（　）は，法令の中で頻繁に用いられる。法令中のまる括弧とまる括弧内の字句は，見出しの場合を除いて直前の字句に付され，これに注釈を加える機能を持っている。

　法令の中でまる括弧が用いられるのは，次のような場合である。

① 目次において，章，節等に含まれる条文の範囲を示す場合。
② 各条文に見出しを付ける場合。
③ 条文中で，法令の題名又は件名の真下に，その法令の法令番号を示す場合。
④ 条文中で，字句を定義し，又は略称を定める場合。
⑤ 条文中で，直前の字句が通常意味する範囲を拡大し，又は縮小する場合。
⑥ 「別表（第〇条関係）」のように，「別表」という文字の真下に，本則の関係条文を示す場合。

次に掲げるのは，②から⑤までの例を示す条文である。

> **例**
> **特定タンカーに係る特定賠償義務履行担保契約等に関する特別措置法**
> **（平成二十四年法律第五十二号）**
>
> 　（趣旨）
> 第一条　この法律は，欧州連合により講じられるイラン・イスラム共和国（次条第五号及び附則第二条において「イラン」という。）を原産地とする原油（以下「イラン産原油」という。）を輸送するタンカーに係る保険契約についての再保険の引受けを禁止する措置により，特定タンカーについて船舶油濁損害賠償保障法（昭和五十年法律第九十五号。以下「油賠法」という。）第十三条第一項に規定する保障契約の締結等が困難となることに対応して，特定タンカー所有者との間で特定賠償義務履行担保契約を締結する者に対し，当該特定賠償義務履行担保契約の義務の履行として支払われる金銭の額に相当する金額の交付金を政府が交付する制度を設ける等の特別の措置について定めるものとする。
> 　（定義）
> 第二条　この法律において，次の各号に掲げる用語の意義は，それぞれ当該各号に定めるところによる。
> 　一　タンカー　油賠法第二条第四号に規定するタンカーをいう。

> 二　特定タンカー　イラン産原油を含む原油の我が国への輸送の用に供するタンカー（我が国においてのみ原油の取卸しをするものに限る。）をいう。

(3) 中黒

中黒（・）は、次のような場合に用いられる。

① 複数の名詞をつないで題名を表現する場合
　　〔例1〕子ども・若者育成支援推進法（平成21年法律第71号）
　　〔例2〕食料・農業・農村基本法（平成11年法律第106号）
② 目次において、章、節等に属する条の範囲を示す際、属する条が2条だけの場合：2つの条名の間に中黒を打つ
　　〔例〕　第六章　監督（第四十条・第四十一条）
③ 漢数字の小数点を表す場合
　　〔例〕　千分の三・五
④ 外国の国名を片仮名書きする際、区切りを示す場合
　　〔例〕　ボスニア・ヘルツェゴビナ

(4) 縦棒

縦棒（｜）は、目次において、章、節等に属する条の範囲を示す際、属する条が3つ以上の場合に用いられる。この場合、最初の条と最後の条の間に縦棒が表記される。
　〔例〕　第九章　雑則（第五十四条―第六十条）
　　　　※国の法令は縦書きであるので実際には縦棒となる。

10 用 語

　法令用語は，法令の中で用いられる語句であって，慣例上，意味や用法が特定されているものである。法令解釈の際に条文を正しく読み，法令立案の際に条文を正しく書くためには，法令用語の意味と用法を正確に理解しておかなければならない。

1．接続詞
(1) 又は　若しくは
　「又は」と「若しくは」は，ともに複数の語句をつなぐ接続詞であり，その語句が「いずれか」という選択的な関係にある場合に用いられる。
　法令においては，次のような用法に従って「又は」と「若しくは」を使い分けることになっている。
　① つながれる語句を単純に並列する場合には，「又は」だけを使い，「若しくは」は使わない。その際，語句が3つ以上あるときは，最後の2つだけを「又は」で結び，その他は読点で区切る。
　　・A 又は B
　　・A，B 又は C

　② つながれる語句が3つ以上あり，それらの並列関係に上下の段階がある場合には，上の段階の並列には「又は」を使い，下の段階の並列には「若しくは」を使う。
　　　例えば，ABCの3つが単純な並列ではなく「AB のいずれか」と「C」とを並列する関係にあるとする。この場合には「AB のいずれか」と「C」の両者を並べるのが上の段階の並列であり，その中にある「AB のいずれか」だけを並べるのが下の段階にある並列となる。したがって，

この場合には、次のように表記する。

・A若しくはB又はC

③　並列関係の段階が3つ以上ある場合には、全体を通して最も上位にある段階の並列にだけ「又は」を使い、それより下の段階にある並列にはすべて「若しくは」を使う。したがって、3つ以上の段階で多くの語句を選択的につなぐ場合には「又は」を1回、「若しくは」を複数回使うことになる。具体例は、次のとおりである。

例1　**地方公共団体情報システム機構法（平成二十五年法律第二十九号）**

（違法行為等の是正）
第三十五条　総務大臣は、機構又はその役員若しくは職員若しくは代表者会議の委員の行為がこの法律若しくはこの法律に基づく命令又は定款に違反し、又は違反するおそれがあると認めるときは、機構に対し、当該行為の是正のため必要な措置を講ずることを求めることができる。

例2　**福島復興再生特別措置法（平成二十四年法律第二十五号）**

（認定事業者に対する地方税の課税免除又は不均一課税に伴う措置）
第二十五条　地方税法（昭和二十五年法律第二百二十六号）第六条の規定により、福島県又は市町村（避難解除区域等をその区域に含む市町村に限る。以下この条及び第二十八条において同じ。）が、提出企業立地促進計画に定められた企業立地促進区域内において認定避難解除等区域復興再生推進事業実施計画に従って避難解除等区域復興再生推進事業の用に供する施設又は設備を新設し、又は増設した認定事業者（第二十八条の規定により福島県知事の確認を受けたものを除く。）について、当該事業に対する事業税、当該事業の用に供する建物若しくはその敷地である土地の取得に対する不動産取得税若しくは当該事業の用に供する機械及び装置、建物若しくは構築物若しくはこれらの敷地である土地に対する固定資産税を課さなかった場合又はこれらの地方税に係る不均一の課税をした場合において、これらの措置が総務省令で定める場合

> に該当するものと認められるときは、福島県又は市町村のこれらの措置による減収額（事業税又は固定資産税に関するこれらの措置による減収額にあっては、これらの措置がされた最初の年度以降五箇年度におけるものに限る。）は、地方交付税法（昭和二十五年法律第二百十一号）の定めるところにより、福島県又は市町村に対して交付すべき特別交付税の算定の基礎に算入するものとする。

(2) 及び　並びに

「及び」と「並びに」は、ともに複数の語句をつなぐ接続詞であり、その語句が「いずれも」という併合的な関係にある場合に用いられる。

法令においては、次のような用法に従って「及び」と「並びに」を使い分けることになっている。

① つながれる語句を単純に並列する場合には、「及び」だけを使い、「並びに」は使わない。その際、語句が3つ以上あるときは、最後の2つだけを「及び」で結び、その他は読点で区切る。

- A 及び B
- A，B 及び C

② つながれる語句が3つ以上あり、それらの並列関係に上下の段階がある場合には、上の段階の並列には「並びに」を使い、下の段階の並列には「及び」を使う。

例えば、ＡＢＣの3つが単純な並列ではなく「ＡＢのいずれも」と「Ｃ」とを並列する関係にあるとする。この場合には「ＡＢのいずれも」と「Ｃ」の両者を並べるのが上の段階の並列であり、その中にある「ABのいずれも」だけを並べるのが下の段階にある並列となる。したがって、この場合には次のように表記する。

- A 及び B 並びに C

③ 並列関係の段階が3つ以上ある場合には、最下位の段階の並列には

「及び」を使い，それより上の段階にある並列には「並びに」を使う。この場合，最下位の段階の並列に当たるかどうかは，全体を通してではなく，制度や概念に基づいて分類される語句の集合体ごとに判定し，各集合体における並列の段階が1つしかない場合には，これを最下位の段階とみなして「及び」を使う。したがって，3つ以上の段階で多くの語句を併合的につなぐ場合には「並びに」が必ず複数回使われ，「及び」も語句の集合体の状況に応じ複数回登場する。具体例は，次のとおりである。

例1 **地方公共団体情報システム機構法（平成二十五年法律第二十九号）**

（財務諸表等）
第三十条　機構は，毎事業年度，貸借対照表，損益計算書，利益の処分又は損失の処理に関する書類その他総務省令で定める書類及びこれらの附属明細書（以下「財務諸表」という。）を作成し，当該事業年度の終了後三月以内に総務大臣に提出しなければならない。
2　機構は，前項の規定により財務諸表を提出するときは，これに当該事業年度の事業報告書及び予算の区分に従い作成した決算報告書を添え，並びに財務諸表及び決算報告書に関する監事の意見書を添付しなければならない。
3　機構は，第一項の規定により財務諸表を提出したときは，遅滞なく，当該財務諸表を官報に公告し，かつ，<u>当該財務諸表，前項に規定する事業報告書，決算報告書及び監事の意見書並びに業務並びに資産及び債務の状況に関</u>する事項として総務省令で定めるものを記載した説明書類を，各事務所に備え置き，総務省令で定める期間，公衆の縦覧に供しなければならない。

例2 **原子力規制委員会設置法（平成二十四年法律第四十七号）**

（会議）
第十条　（第1項から第3項まで省略）
4　前二項の規定にかかわらず，次の各号に掲げる場合において，委員長において特に緊急を要するため委員会を招集するいとまがないと認めるとき又は委員会の会議若しくは議事の定足数を欠いているときは，委員長は，当該各号に掲げる事項に関し，委員会を臨時に代理することができる。

> （第1号から第4号まで省略）
> 五　国民保護法第百五条第三項の規定による通報を受けた場合　同条第四項の規定により準用する同条第二項の規定による対策本部長への報告及び関係指定公共機関への通知並びに同条第四項後段の規定による所在都道府県知事，所在市町村長及び関係周辺都道府県知事並びに原子力事業者（原子力災害対策特別措置法第二条第三号の原子力事業者をいう。以下同じ。）への通知

2．文末の語句
(1)　とする　ものとする

　「とする」と「ものとする」は，ともにこの末尾で終わる文の内容を法規範として定立することを意味する表現である。具体例は，次のとおりである。

例1　地方公共団体情報システム機構法（平成二十五年法律第二十九号）

　（法人格及び住所）
第二条　地方公共団体情報システム機構（以下「機構」という。）は，法人とする。
2　機構の住所は，その主たる事務所の所在地にあるものとする。
　（役員の任期）
第十四条　役員の任期は，三年以内において定款で定める期間とする。ただし，補欠の役員の任期は，前任者の残任期間とする。

例2　福島復興再生特別措置法（平成二十四年法律第二十五号）

　（生活環境整備事業）
第十七条　（第一項省略）
2　前項の規定により内閣総理大臣が行う生活環境整備事業に要する費用は，国の負担とする。

(2) するものとする　しなければならない

「するものとする」は，例1のように法規範を定立する意味のほか，例2のように作為義務（ある行為を行う義務）を定める意味を持つ場合がある。

「しなければならない」は，作為義務を定めるときに広く使われる表現である。

このように，作為義務を表す点では「するものとする」と「しなければならない」の間には差異はない。行政機関に作為義務を課す場合にも，例3のように後者が使われることがある。

例1 **東日本大震災の被災者等に係る国税関係法律の臨時特例に関する法律（平成二十三年法律第二十九号）**

（特定地方公共団体との間に完全支配関係がある法人の発行する振替社債等に関する特例）

第十条　東日本大震災復興特別区域法（平成二十三年法律第百二十二号）第四条第一項に規定する特定地方公共団体との間に当該特定地方公共団体による法人税法第二条第十二号の七の六に規定する完全支配関係がある所得税法第二条第一項第六号に規定する内国法人が平成二十八年三月三十一日までに発行する租税特別措置法第五条の三第四項第七号に規定する振替社債等のうち，その同条第一項に規定する利子等の額が同号に規定する政令で定める指標を基礎として算定されるもの（当該振替社債等に係る債務について地方公共団体が保証契約を締結していないものに限る。）に係る同条，同法第四十一条の十三第二項，第四項及び第五項並びに同法第六十七条の十七第二項，第九項及び第十項の規定の適用については，<u>当該振替社債等は，同号，同法第四十一条の十三第二項及び同法第六十七条の十七第二項に規定する特定振替社債等に該当するものとする。</u>

> **例2** 新型インフルエンザ等対策特別措置法（平成二十四年法律第三十一号）
>
> （都道府県行動計画）
> 第七条　都道府県知事は，政府行動計画に基づき，当該都道府県の区域に係る新型インフルエンザ等対策の実施に関する計画（以下「都道府県行動計画」という。）を作成するものとする。

> **例3** 展覧会における美術品損害の補償に関する法律
> （平成二十三年法律第十七号）
>
> （対象美術品の取扱い）
> 第六条　補償契約の相手方である展覧会の主催者は，対象美術品の展示，運搬その他の取扱いに当たっては，その損害の防止のために必要なものとして文部科学省令で定める基準を遵守しなければならない。
> 　（業務の管掌）
> 第十二条　（第一項省略）
> ２　文部科学大臣は，補償契約を締結しようとする場合には，あらかじめ，文化審議会の意見を聴くとともに，財務大臣に協議しなければならない。

(3)　してはならない　することができない

　「してはならない」は，ある行為を禁止することを意味する表現である。この表現が用いられている規定に違反する行為は罰則の対象となることが多いが，その効力については，明文の規定がある場合や公序良俗違反になる場合は別として，直ちに否定されるわけではない。

　「することができない」は，法律上の権利・能力がないことを表す表現である。この表現が用いられている規定に違反する行為は，法律上，瑕疵ある行為として無効となる。

　両者の具体例は，次のとおりである。

> **例1**　　　　**株式会社国際協力銀行法（平成二十三年法律第三十九号）**
>
> 　（役員等の兼職禁止）
> 第八条　会社の役員等（非常勤の者を除く。以下この条において同じ。）は，会社以外の営利を目的とする団体の役員となり，又は自ら営利事業に従事して<u>はならない</u>。ただし，財務大臣が役員等としての職務の執行に支障がないものと認めて承認したときは，この限りでない。
> 　（予算の目的外使用の禁止）
> 第二十三条　会社は，支出予算については，当該予算に定める目的のほかに<u>使用してはならない</u>。

> **例2**　　　　　**家事事件手続法（平成二十三年法律第五十二号）**
>
> 　（調停に代わる審判の特則）
> 第二百八十五条　家事調停の申立ての取下げは，第二百七十三条第一項の規定にかかわらず，調停に代わる審判がされた後は，<u>することができない</u>。
> 2　調停に代わる審判の告知は，公示送達の方法によっては，<u>することができない</u>。

> **例3**　　**原子力損害賠償・廃炉等支援機構法（平成二十三年法律第九十四号）**
>
> 　（国債の交付）
> 第四十八条　政府は，機構が特別資金援助に係る資金交付を行うために必要となる資金の確保に用いるため，国債を発行することができる。
> 　　　　　　　　　　（第2項及び第3項省略）
> 4　第一項の規定により発行する国債については，譲渡，担保権の設定その他の処分を<u>することができない</u>。

> **例4**　　　　　　　　**民法（明治 29 年法律第 89 号）**
>
> 　（重婚の禁止）
> 第七百三十二条　配偶者のある者は，重ねて婚姻を<u>することができない</u>。

(4) することができる

「することができる」は，法律上の権利・能力があることを意味する表現である。具体例は，次のとおりである。

> **例1** 地方公共団体情報システム機構法（平成二十五年法律第二十九号）
>
> 　（資本金）
> 第四条　機構の資本金は，附則第五条第二項の規定により地方公共団体から出資されたものとされる金額とする。
> ２　機構は，必要があるときは，その資本金を増加することができる。
> ３　地方公共団体以外の者は，機構に出資することができない。
> 　（役員の職務及び権限）
> 第十二条　（第１項から第４項まで省略）
> ５　監事は，監査の結果に基づき，必要があると認めるときは，代表者会議，理事長又は総務大臣に意見を提出することができる。
> ６　理事長は，代表者会議に出席し，意見を述べることができる。

> **例2** 民法（明治二十九年法律第八十九号）
>
> 　（養親となる者の年齢）
> 第七百九十二条　成年に達した者は，養子をすることができる。

(5) 同様とする

「同様とする」は，ある事項に関する規範を他の事項にも及ぼすことを意味する表現である。具体例は，次のとおりである。

> **例1** 地方公共団体情報システム機構法（平成二十五年法律第二十九号）
>
> 　（業務方法書）
> 第二十三条　機構は，業務開始の際，業務方法書を作成し，これを総務大臣に届け出なければならない。これを変更したときも，同様とする。

> **例2** **原子力規制委員会設置法（平成二十四年法律第四十七号）**
>
> （服務等）
> 第十一条　委員長及び委員は，職務上知ることのできた秘密を漏らしてはならない。その職務を退いた後も，<u>同様とする</u>。

(6) 例による

「例による」は，ある事項について既定の法制度を包括的に当てはめることを意味する表現である。既定の制度を当てはめるという点で「準用する」と似ているが，準用の場合には「第〇条の規定は，・・・について準用する。」などと準用される個々の規定が必ず示されるのに対し，「例による」の場合には（「第〇条の規定の例による。」といった書き方もないわけではないが），次の例のように，既定の制度を特定するために必要な文言だけが規定され，個々の規定は示されないことが多い。「なお従前の例による。」という場合にも，同様に個々の規定は示されない。

> **例** **株式会社日本政策金融公庫法（平成十九年法律第五十七号）**
>
> （予算の議決）
> 第三十三条　公庫の予算の国会の議決に関しては，国の予算の議決の<u>例による</u>。

(7) 例とする　常例とする

「例とする」と「常例とする」は，ともにこの末尾で終わる文の内容を実現することが原則であることを意味する表現であるが，合理的な理由があるときに例外が許されることが全くないわけではないといったニュアンスが含まれている。具体例は，次のとおりである。

> **例1**　　　　　国会法（昭和二十二年法律第七十九号）
>
> 　第二条　常会は，毎年一月中に召集するのを<u>常例とする</u>。

> **例2**　　　　　財政法（昭和二十二年法律第三十四号）
>
> 　第二十七条　内閣は，毎会計年度の予算を，前年度の一月中に，国会に提出するのを<u>常例とする</u>。

(8) 推定する　みなす

「推定する」と「みなす」は，ともにある事象を法律上どのように取り扱うかを示すときに用いられる表現であるが，両者の間には取扱いの内容に明確な違いがある。

「推定する」は，一応ある事象を特定の状態にあるものとして取り扱うが，当事者間に別段の定めがあり，又は反証がある場合には，そちらに従って取り扱い，推定による取扱いが覆ることを意味する表現である。例1は，その具体例であり，この場合には反証などがあれば権利の推定が覆ることとなる。

これに対し「みなす」は，ある事象を他の事象と絶対的に同一のものとして取り扱うことを意味する表現である。したがって，法の規定によってみなされた場合には，取扱いが確定し，特別の事情によって覆される余地はない。例2にあるような「みなし公務員」はその一例である。

> **例1**　　　　　会社法（平成十七年法律第八十六号）
>
> 　（権利の推定等）
> 　第百三十一条　株券の占有者は，当該株券に係る株式についての権利を適法に有するものと<u>推定する</u>。

> **例2** 地方公共団体情報システム機構法（平成二十五年法律第二十九号）
>
> （役員及び職員の公務員たる性質）
> 第二十一条　機構の役員及び職員は，刑法（明治四十年法律第四十五号）その他の罰則の適用については，法令により公務に従事する職員と<u>みなす</u>。

(9) この限りでない　妨げない

「この限りでない」は，ただし書の結びに用いられる語であり，本文の規範が特定の事項につき例外的に適用されないことを意味する表現である。

「妨げない」は，ある規範が特定の行為を禁止するものではないことを意味する表現であり，「妨げるものではない」と表現されることもある。

これらの具体例は，次のとおりである。

> **例1**　使用済小型電子機器等の再資源化の促進に関する法律
> 　　　　（平成二十四年法律第五十七号）
>
> （再資源化事業計画の変更等）
> 第十一条　前条第三項の認定を受けた者（以下「認定事業者」という。）は，同条第二項第四号から第八号までに掲げる事項を変更しようとするときは，主務省令で定めるところにより，主務大臣の認定を受けなければならない。<u>ただし</u>，主務省令で定める軽微な変更については，<u>この限りでない</u>。

> **例2**　PTA・青少年教育団体共済法（平成二十二年法律第四十二号）
>
> （共済団体の賠償責任）
> 第九条　共済団体は，共済契約の締結の代理又は媒介を行う者が当該共済団体のために行う共済契約の締結の代理又は媒介につき共済契約者に加えた損害を賠償する責めに任ずる。
> 　　　　　　　　　　　（第2項省略）
> 3　<u>第一項の規定は</u>，同項の共済団体から共済契約の締結の代理又は媒介を行う者に対する求償権の<u>行使を妨げない</u>。

> **例3**
> **東日本大震災に対処するための特別の財政援助及び
> 助成に関する法律（平成二十三年法律第四十号）**
>
> （原子力発電所事故による災害への対処）
> 第百四十三条　国は，東日本大震災による被害の迅速な回復のため必要があると認めるときは，地方公共団体等が講ずる措置であって，原子力損害の賠償に関する法律（昭和三十六年法律第百四十七号）第三条第一項の規定により原子力事業者（同法第二条第三項に規定する原子力事業者をいう。次項において同じ。）が賠償する責めに任ずべき損害に係るものについても，この法律の規定に基づく補助金の交付その他の財政援助を行うことができる。
> 2　前項の規定は，国が当該原子力事業者に対して，同項の財政援助に係る額に相当する額の限度において求償することを妨げるものではない。

3．その他
(1)　場合　とき　時

「場合」と「とき」は，ともに仮定の条件を設定するときに用いられる語句である。

条文中で条件の設定を重ねるとき，すなわちAという条件の下でさらにBという条件を設定するときには，例1のように「（Aである）場合において，（Bである）ときは，」と表現する。

条件の設定が一度だけであれば「場合」と「とき」のいずれを用いてもよく，例2，例3のように両方の用例がある。

このほか，「場合」については，「前項の場合において，」などのように，ある規定が適用される場面を設定するときなどに用いられることがある。

「時」は，条件の設定ではなく，例4にあるように特定の時点を表すときに用いられる語句である。

> **例1** **福島復興再生特別措置法（平成二十四年法律第二十五号）**
>
> （福島県知事の提案）
> 第六条　福島県知事は，福島の復興及び再生に関する施策の推進に関して，内閣総理大臣に対し，福島復興再生基本方針の変更についての提案（以下この条において「変更提案」という。）をすることができる。
> 　　　　　　　　　　　　　　　　　（第2項省略）
> 3　内閣総理大臣は，<u>変更提案がされた場合において，当該変更提案を踏まえた福島復興再生基本方針の変更をする必要があると認めるとき</u>は，遅滞なく，福島復興再生基本方針の変更の案を作成し，閣議の決定を求めなければならない。

> **例2** **特定タンカーに係る特定賠償義務履行担保契約等に関する特別措置法（平成二十四年法律第五十二号）**
>
> （業務の管掌）
> 第十三条　（第1項省略）
> 2　国土交通大臣は，<u>特定保険者交付金交付契約を締結しようとする場合には</u>，あらかじめ，内閣総理大臣，外務大臣，財務大臣及び経済産業大臣に協議しなければならない。

> **例3** **新型インフルエンザ等対策特別措置法（平成二十四年法律第三十一号）**
>
> （政府対策本部長の権限）
> 第二十条　政府対策本部長は，<u>新型インフルエンザ等対策を的確かつ迅速に実施するため必要があると認めるとき</u>は，基本的対処方針に基づき，指定行政機関の長及び指定地方行政機関の長並びに前条の規定により権限を委任された当該指定行政機関の職員及び当該指定地方行政機関の職員，都道府県の知事その他の執行機関（以下「都道府県知事等」という。）並びに指定公共機関に対し，指定行政機関，都道府県及び指定公共機関が実施する新型インフルエンザ等対策に関する総合調整を行うことができる。

> **例4**　　　　　消費者安全法（平成二十一年法律第五十号）
>
> 　（定義）
> 第二条　（第1項から第3項まで省略）
> 4　この法律において「消費安全性」とは，商品等（事業者がその事業として供給する商品若しくは製品又は事業者がその事業のために提供し，利用に供し，若しくは事業者がその事業として若しくはその事業のために提供する役務に使用する物品，施設若しくは工作物をいう。以下同じ。）又は役務（事業者がその事業として又はその事業のために提供するものに限る。以下同じ。）の特性，それらの通常予見される使用（飲食を含む。）又は利用（以下「使用等」という。）の形態その他の商品等又は役務に係る事情を考慮して，それらの消費者による<u>使用等が行われる時において</u>それらの通常有すべき安全性をいう。

(2)　者　物　もの

　「者」は，例1のように，自然人，法人を問わず，法律上の人格を有する主体を表すときに用いられる。

　「物」は，例2のように，権利の客体となる有体物を表すときに用いられる。

　「もの」は，「者」や「物」に該当しない主体・客体を表す場合のほか，例3のように「・・・であって・・・もの」という言い方により，事象を特定する場合の末尾の語として用いられる。

例1
使用済小型電子機器等の再資源化の促進に関する法律
（平成二十四年法律第五十七号）

（再資源化事業計画の認定）

第十条　使用済小型電子機器等の再資源化のための使用済小型電子機器等の収集，運搬及び処分（再生を含む。以下同じ。）の事業（以下「再資源化事業」という。）を行おうとする者（当該収集，運搬又は処分の全部又は一部を他人に委託して当該再資源化事業を行おうとする者を含む。）は，主務省令で定めるところにより，使用済小型電子機器等の再資源化事業の実施に関する計画（以下この条及び次条第四項第一号において「再資源化事業計画」という。）を作成し，主務大臣の認定を申請することができる。

例2
保険法（平成二十年法律第五十六号）

（損害保険契約の締結時の書面交付）

第六条　保険者は，損害保険契約を締結したときは，遅滞なく，保険契約者に対し，次に掲げる事項を記載した書面を交付しなければならない。

（第1号から第6号まで省略）

七　保険の目的物（保険事故によって損害が生ずることのある物として損害保険契約で定めるものをいう。以下この章において同じ。）があるときは，これを特定するために必要な事項

例3
新型インフルエンザ等対策特別措置法
（平成二十四年法律第三十一号）

（物資の売渡しの要請等）

第五十五条　特定都道府県知事は，新型インフルエンザ等緊急事態措置を実施するため必要があると認めるときは，新型インフルエンザ等緊急事態措置の実施に必要な物資（医薬品，食品その他の政令で定める物資に限る。）であって生産，集荷，販売，配給，保管又は輸送を業とする者が取り扱うもの（以下「特定物資」という。）について，その所有者に対し，当該特定物資の売渡しを要請することができる。

(3) その他　その他の

「その他」と「その他の」は、ともに複数の語句をつなぐ役割を持っているが、法令においては、「その他」が単純に並列される語句をつなぐのに対し、「その他の」は例示の関係を示す語句をつなぐ、というように使い分けられている。例えば、「**A,B その他 C**」の場合にはABCが単純な並列の関係にあるのに対し、「**A,B その他の C**」の場合には、AとBはCの例示であるということになる。

したがって、

① 「**A 施設，B 施設その他政令で定める施設**」という場合と、

② 「**A 施設，B 施設その他の政令で定める施設**」という場合では、政令の書き方に違いが生ずる。

すなわち、①の場合にはA施設、B施設、政令で定める施設の3つが単純な並列関係にあるので、政令にはA施設とB施設のことは規定せず、それ以外の施設を規定することになるが、②の場合にはA施設とB施設は政令で定める施設の例示であるので、政令にはA施設とB施設を（それ以外の施設とともに）規定しなければならないこととなる。

(4) 直ちに　速やかに　遅滞なく

「直ちに」「速やかに」「遅滞なく」は、いずれも即時性を表す語句であり、法令においてはこの順に即時性が強いとされている。

次に示すのは、同一の法令において三者が即時性の程度に応じて使い分けられている例である。

> **例**
>
> **消費者安全法（平成二十一年法律第五十号）**
>
> （基本方針の策定）
> 第六条　内閣総理大臣は、消費者安全の確保に関する基本的な方針（以下「基本方針」という。）を定めなければならない。
> 　　　　　　　　（第2項から第4項まで省略）
> 5　内閣総理大臣は、基本方針を定めたときは、<u>遅滞なく</u>、これを公表しなければならない。
> （消費者事故等の発生に関する情報の通知）
> 第十二条　行政機関の長、都道府県知事、市町村長及び国民生活センターの長は、重大事故等が発生した旨の情報を得たときは、<u>直ちに</u>、内閣総理大臣に対し、内閣府令で定めるところにより、その旨及び当該重大事故等の概要その他内閣府令で定める事項を通知しなければならない。
> （生命身体事故等の発生に関する情報の報告）
> 第二十六条　内閣総理大臣は、第十二条第一項又は第二項の規定により生命身体事故等の発生に関する情報の通知を受けた場合その他生命身体事故等の発生に関する情報を得た場合においては、<u>速やかに</u>調査委員会にその旨を報告しなければならない。

(5) 以上　超える　以下　未満（満たない）

　これらは、いずれも数量の範囲を示す語句であるが、「以上」と「以下」は基準値を含み、「超える」と「未満（満たない）」は基準値を含まないという違いがある。

(6) 以前　前　以後　後　以降

　これらは、いずれも時間の範囲を示す語句であるが、「以前」、「以後」、「以降」は基準時を含み、「前」と「後」は基準時を含まないという違いがある。

(7) 同

「同」は、「同条」「同項」「同年」「同日」など、条文中の直前に表記された事項と同一のものを表す場合に用いられる。

法令においては直前に表記された事項の字数にかかわらず、例えば「前項」のような短い表記の事項であっても、直後にこれを指す場合には「前項」ではなく「同項」と表記する。

(8) 当該

「当該」は法令に比較的よく使われ、「その」と同じような意味を持つ語句である。1つの条文の中で「・・・に関する○○」などと特定の事項（○○）を記述する文言がある場合に、その後に同一の事項を表すときは同じ表現の繰返しを避けて「当該○○」とする。具体例は、次のとおりである。

> **例**
>
> **東日本大震災復興特別区域法（平成二十三年法律第百二十二号）**
>
> （漁港漁場整備事業の特例）
> 第五十五条　（第1項から第3項まで省略）
> 4　第一項に規定する漁港漁場整備事業に関する事項が記載された復興整備計画が第四十六条第六項の規定により公表されたときは、<u>当該公表</u>の日に<u>当該事項</u>に係る漁港漁場整備法第十七条第一項の特定漁港漁場整備事業計画が定められ、かつ、<u>当該計画</u>について、同項の規定による届出及び公表がされたものとみなす。この場合において、同条第七項から第九項までの規定は、適用しない。

「当該」は、各号列記をする場合にも使われることが多い。各号において、ある事項を掲げるとともに、これに対応する事項を定める場合には、次のように「**次の各号に掲げる○○**」を受けて「**当該各号に定める××**」と書く。

> **例** 東日本大震災に伴う地方公共団体の議会の議員及び長の選挙期日等の臨時特例に関する法律（平成二十三年法律第二号）
>
> （告示の期日）
> 第三条　第一条の規定により行われる選挙の期日は、公職選挙法第三十三条第五項又は第三十四条第六項の規定にかかわらず、<u>次の各号に掲げる選挙の区分に応じ</u>、<u>当該各号</u>に定める日までに告示しなければならない。
> 一　県知事の選挙　特例選挙期日前十七日に当たる日
> 　　　　　　　（第2号以下省略）

　なお、次のように行政庁の権限に関する規定において、一定の権限を与えられている行政機関の職員という意味で「当該職員」という語句が用いられることがある。

> **例** 職業訓練の実施等による特定求職者の就職の支援に関する法律（平成二十三年法律第四十七号）
>
> （立入検査）
> 第十六条　厚生労働大臣は、この法律の施行のため必要があると認めるときは、<u>当該職員</u>に、認定職業訓練を行う者等の事務所に立ち入り、関係者に対して質問させ、又は帳簿書類（その作成又は保存に代えて電磁的記録（電子的方式、磁気的方式その他人の知覚によっては認識することができない方式で作られる記録であって、電子計算機による情報処理の用に供されるものをいう。）の作成又は保存がされている場合における当該電磁的記録を含む。）の検査をさせることができる。

(9) 準ずる

　「準ずる」は、ある事項が性質や内容の点で他の事項と概ね同様であり、又は類似していることを意味する語句である。法令においては「・・・その他これに準ずる○○」といった表現で用いられる。この場合に、どのようなものが「準ずる○○」に該当するかが明らかでないときは、次の例にあるよ

うに下位の法令に「準ずる〇〇」の具体的な内容の規定を委任し，適用対象範囲を確定させる必要がある。

> **例** 新型インフルエンザ等対策特別措置法（平成二十四年法律第三十一号）
>
> 　（新型インフルエンザ等緊急事態に関する融資）
> 第六十条　政府関係金融機関その他これに準ずる政令で定める金融機関は，新型インフルエンザ等緊急事態において，新型インフルエンザ等緊急事態に関する特別な金融を行い，償還期限又は据置期間の延長，旧債の借換え，必要がある場合における利率の低減その他実情に応じ適切な措置を講ずるよう努めるものとする。
>
> ....
>
> 　　　　　新型インフルエンザ等対策特別措置法施行令
> 　　　　　　（平成二十五年政令第百二十二号）
>
> 第十七条　法第六十条の政令で定める金融機関は，次のとおりとする。
> 　一　地方公共団体金融機構
> 　二　株式会社日本政策投資銀行
> 　三　農林中央金庫
> 　四　株式会社商工組合中央金庫

(10)　に係る

　「に係る」は，「に関する」や「についての」と類似した意味を持つ語句である。法令においては例1のように「に関する」と同様な表現で用いられるほか，引用する規定の範囲を限定する場合に，例2のように「第〇条（第〇号に係る部分に限る。）」といった定型的な表現の中で用いられることがある。

> **例1**　**再生医療を国民が迅速かつ安全に受けられるようにするための施策の総合的な推進に関する法律（平成二十五年法律第十三号）**
>
> （安全面及び倫理面の配慮等）
> 第十四条　　（第1項省略）
> 2　国及び関係者は，再生医療の円滑な発展に資するため，<u>再生医療の実施に係る情報の収集</u>を図るとともに，当該情報を用いて適切な対応が図られるよう努めるものとする。

> **例2**　**株式会社国際協力銀行法（平成二十三年法律第三十九号）**
>
> （金融商品取引法の適用除外等）
> 第四十三条　（第1項から第3項まで省略）
> 4　前項に規定する場合においては，会社を金融商品取引法第二条第九項に規定する金融商品取引業者とみなして，同法第三十八条（<u>第一号に係る部分に限る。</u>）及び第三十九条の規定並びにこれらの規定に係る<u>同法第八章及び第八章の二の規定</u>を適用する。

(11)　等

「○○等」は，○○以外に他のものがあることを表す語句であり，法令においては，次のように「等」の具体的な内容が明らかである場合に限って用いられる。

　①　題名，章名・節名等，見出しの中で，法令，章・節等，条の内容を簡潔に表すために用いられる場合
　②　略称，定義語の中で，長い表現の繰返しを避けるために用いられる場合

次に示す例のように，題名，定義語及び見出しの中にある「等」の具体的な内容は，法律，定義規定及び条文をみれば明らかとなっている。

> **例**
>
> ### 国の庁舎等の使用調整等に関する特別措置法
> ### （昭和三十二年法律第百十五号）
>
> 　（目的）
> 第一条　この法律は，庁舎等の使用調整及び庁舎等その他の施設の用に供する特定の国有財産の整備を計画的に実施して，国有財産の適正かつ効率的な活用を図り，公共の利益の増進と公務の能率の向上に資することを目的とする。
> 　（用語の定義）
> 第二条　　（第1項省略）
> 2　この法律において「庁舎等」とは，次に掲げるものをいう。
> 　一　行政財産のうち国の事務又は事業の用に供し，又は供するものと決定した庁舎その他の建物及びその附帯施設並びにこれらの敷地（敷地となるべき土地を含む。以下同じ。）
> 　二　国の事務又は事業の用に供するために国が借り受けている建物及びその附帯施設並びにこれらの敷地
> 　（庁舎等の実地監査等）
> 第三条の二　財務大臣は，庁舎等の適正かつ効率的な使用を図るため必要があると認めるときは，各省各庁の長に対し，その所管に属する第二条第二項第二号に掲げる庁舎等について，その状況に関する資料若しくは報告を求め，又は部下の職員に実地監査を行わせることができる。

(12)　当分の間

「当分の間」は，一定の措置を臨時的，暫定的に定めたことを表す語句であるが，法令上は「当分の間」とされている措置であっても，別途これを廃止する立法措置が講じられるまでは，その効力が失われることはない。具体例は，次に示すとおりである。

例1 　**当せん金付証票法（昭和二十三年法律第百四十四号）**

（この法律の目的）
第一条　この法律は，経済の現状に即応して，<u>当分の間</u>，当せん金付証票の発売により，浮動購買力を吸収し，もつて地方財政資金の調達に資することを目的とする。

例2 　**裁判所職員臨時措置法（昭和二十六年法律第二百九十九号）**

　裁判官及び裁判官の秘書官以外の裁判所職員の採用試験，任免，給与，人事評価，能率，分限，懲戒，保障，服務，退職管理及び退職年金制度に関する事項については，他の法律に特別の定めのあるものを除くほか，<u>当分の間</u>，次に掲げる法律の規定を準用する。この場合において，（以下省略）

第Ⅳ編

立法過程

1 立法過程の概観

　これまで法令の読み方と書き方を解説してきたが，ここからは法律ができるプロセスを概観することとしたい。

　法案は，立案，提出，審議，採決といった一連のプロセスを経て成立する。こうした立法過程に関する知識は，法案作成に携わる者が事務を適切に進めるために不可欠なものであると同時に，広く法令実務に携わる者にとって立法動向を的確に把握する上で有益なものである。

　以下，立法過程につき，法案提出の前後に分けて，基礎となる制度の枠組み，関与する主体，履行すべき手続などを概観することとしたい。

1．法案提出前の過程

　法案提出前の過程について，内閣提出法案と議員提出法案の別に，関連する制度，関与する主体，手続の実際などを概観すると，次のとおりである。

(1) 内閣提出法案の場合

　内閣が国会に法案を提出することについては，内閣法（昭和22年法律第5号），内閣府設置法（平成11年法律第89号），国家行政組織法（昭和23年法律第120号）に重要な規定がある。

　内閣法第5条は，内閣による法案提出の法的な根拠となる規定であり，「内閣総理大臣は，内閣を代表して内閣提出の法律案・・・を国会に提出・・・する」と定めている。法案を提出する主体である内閣が国会に法案を提出するためには，内閣の意思決定機関である閣議において，法案の提出を決定する必要がある。ここで「内閣」と「閣議」に関する主な規定をみると，内閣については憲法第66条第1項が「内閣は，・・・その首長たる内閣総理大臣及びその他の国務大臣でこれを組織する」と定め，閣議については内閣法第

4条第1項において「内閣がその職務を行うのは、閣議によるものとする」と定めている。ちなみに、閣議は、毎週火曜日と金曜日に定例的に開催されるほか、臨時に開催されることがある。

　法案提出を決定する閣議は、法案を所管する大臣が案を備えて開催を求めることによって開催される。これが「法案提出の閣議請議」といわれるものであり、内閣法（第26条第2項）、内閣府設置法（第7条第2項）及び国家行政組織法（第11条）に規定されている。3つの法律に分かれているのは、法案が内閣官房、内閣府、各省のいずれの行政事務に関するものかという違いによるものであり、いずれの規定も「○○大臣は、（○○に係る）主任の行政事務について、法律‥の制定、改正又は廃止を必要と認めるときは、案を備えて、閣議を求めなければならない」と定めている（閣議請議を行う大臣は、内閣法と内閣府設置法では「内閣総理大臣」、国家行政組織法では「各省大臣」と規定されている。）。

　このような制度の下にある内閣提出法案については、閣議請議を行う大臣を長とする内閣官房、内閣府又は各省が立案を担当することとなる。

　毎年の内閣提出法案の担当別内訳をみると、総計11に及ぶ各省が担当するものが最も多いが、省庁横断的な施策を実現するための重要法案を内閣官房又は内閣府が担当することも少なくない。一例を挙げれば、行政手続における特定の個人を識別するための番号の利用等に関する法律（平成25年法律第27号）及び公文書等の管理に関する法律（平成21年法律第66号）は、それぞれ内閣官房と内閣府が立案を担当した法律である。

　内閣提出法案を担当する内閣官房、内閣府又は各省（以下「担当省庁」という）における立案担当者は、原案を作成する段階から法案提出の閣議請議に至るまで実務上の中心的な役割を果たすこととなる。この間に担当省庁が履行すべき主な手続には、次のようなものがある。

　① 担当省庁内で、作成した原案を協議し、担当省庁としての案を固める手続。その際、必要に応じて関係審議会へ諮問し、答申を受ける。
　② 担当省庁としての案を他の省庁に協議する手続。正式な各省協議は法

案提出予定日の2週間前といった段階で行われるが，特に関係の深い省庁との間で，その前に協議を進めることもある。
③　内閣法制局の審査を受ける手続。この審査は，正式には，法案提出の直前となるが，審査に相当の時間を要する法案については，その前に予備審査を受けておく必要がある。
④　与党の審査を受ける手続。この審査は，法案の成立を期する上できわめて重要であり，通常，政府内における協議や審査が進んだ段階で行われる。

(2)　議員提出法案の場合

各議院において議員が提出する法案については，国会法（昭和22年法律第79号）に次のような規定がある。

第1は，立法補佐機関に関する規定である。国会法第131条は，第1項で「議員の法制に関する立案に資するため，各議院に法制局を置く」と定めた上で，第2項で「各法制局に，法制局長一人，参事その他必要な職員を置く」とし，以下第6項まで法制局長と参事の任免や職務に関する規定を設けている。議院法制局の組織については，議院法制局法（昭和23年法律第92号）にさらに詳細な規定がある。このほか議員立法の補佐機関として，国会法第132条第2項の規定に基づき，各議員に1名の政策秘書（「主として議員の政策立案及び立法活動を補佐する秘書」）が付されている。

第2は，議員による法案提出の要件に関する規定である。国会法第56条は，議員が議案を発議するには次のような一定数以上の議員の賛成が必要であることを定めている。
①　予算を伴う法律案：衆議院は50人以上，参議院は20人以上
②　それ以外の議案　：衆議院は20人以上，参議院は10人以上

第3に，委員会による法案の提出を定めた規定がある。すなわち，国会法第50条の2は，各委員会が所管事項に関して法律案を提出することができること，この法律案は委員長を提出者とすることを規定している。この委員会

提出法案は，通常，与野党間で合意が形成された事項を内容とするものであり，法案の成立過程で重要な役割を果たしている。

ちなみに，議員立法の補佐に関する業務の流れを紹介した参議院法制局のホームページによれば，同局では議員からの立案の依頼を受けると，立法趣旨を確認した上で立法内容を検討して法律案要綱を作成し，その後，条文化の作業を完了して法制局長の決裁を経た法案を依頼者たる議員に手交するという手順で業務を遂行するとされている。

議員提出法案の場合には，このような手順を経て用意された法案を提出する前に，慣行上，議員が所属する政党における機関承認を得ることが必要とされている。法案はこの党内手続を経た後に，国会法第56条が定める所要の賛成者を得た上で提出されることとなる。

2．法案提出後の過程
(1) 法案審議の制度的枠組み

法案の成否には，二院制，会期制，委員会審査制という3つの制度が関わっている。法案が成立するためには，原則として，衆参の両院において，会期中に委員会審査を経て本会議で可決される必要がある。

① 二院制

憲法上，二院制を定めているのは第42条の「国会は，衆議院及び参議院の両議院でこれを構成する」とする規定であるが，第59条が二院制の下での法案の成立要件を定めている。同条は第1項で「法律案は，・・・両議院で可決したとき法律となる」という原則を定めた上で，その例外として，第2項で「衆議院で可決し，参議院でこれと異なつた議決をした法律案は，衆議院で出席議員の3分の2以上の多数で再び可決したときは，法律となる」とし，衆議院による再可決の制度を定めている。

このように，法案が成立するためには原則として，衆参の両議院で可決さ

れなければならないが，提出された法案は先ず，衆参のどちらかで審議される。国会法では議案を先に審議する議院を「先議の議院」と規定しており，一般にはこれをさらに短く「先議院」といっている。

法案が先議院で原案通り可決され，又は修正の上可決されたときには，国会法第83条の規定により，他方の議院に送付される。この他方の議院を一般に「後議院」という。

「法案が衆議院を通過した」という一般的な表現を国会法に即していえば，先議院である衆議院で法案が可決（原案可決又は修正可決）され，後議院である参議院に送付された，ということになる。

② 会期制

国会の会期とは，国会が活動する期間のことであり，会期は召集によって開始する。憲法は国会の召集に関し，次のような規定を設けている。

> **参考**
>
> **日本国憲法**
>
> 第七条　天皇は，内閣の助言と承認により，国民のために，左の国事に関する行為を行ふ。
> 　二　国会を召集すること。
> 第五十二条　国会の常会は，毎年一回これを召集する。
> 第五十三条　内閣は，国会の臨時会の召集を決定することができる。いづれかの議院の総議員の四分の一以上の要求があれば，内閣は，その召集を決定しなければならない。
> 第五十四条　衆議院が解散されたときは，解散の日から四十日以内に，衆議院議員の総選挙を行ひ，その選挙の日から三十日以内に，国会を召集しなければならない。

国会の召集は天皇の国事行為であるが，これを決定するのは内閣であり，憲法第52条から第54条までの規定により召集される国会は，それぞれ常会，臨時会及び特別会といわれている。常会と臨時会という文言は憲法が自ら規定しているが，特別会という文言は国会法第1条第3項において「日本国憲

法第54条により召集された国会」と定義されている。

　常会について，国会法は「毎年一月中に召集するのを常例」とし，その会期は150日間であるが，国会の議決により1回だけ延長することができる旨を定めている（同法第2条，第10条及び第12条）。

　臨時会は内閣が必要と判断した場合，いずれかの議院の総議員の4分の1以上から要求があった場合，又は衆議院の任期満了による総選挙や参議院の通常選挙の後に召集され，特別会は衆議院の解散による総選挙の後に召集される。臨時会と特別会の会期は国会の議決によって定め，2回まで延長することができる。常会の延長と臨時会・特別会の会期及び延長を決める際の国会の議決は，両議院一致の議決が原則であるが，両議院の議決が一致しないとき又は参議院が議決しないときは，衆議院の議決したところによる（国会法第2条の3，第11条から第13条まで等）。

　会期中に提出された法案が会期終了時に成立していない場合の取扱いについて，憲法には特段の定めはないが，次に示す国会法第47条及び第68条の規定により，そのような法案は閉会中審査の案件とされない限り，後会（次の会期）には継続せず，審査未了・廃案となる。これがいわゆる会期不継続の原則であり，その例外である閉会中審査の案件とされるためには，各議院の議決が必要となる。

国会法（昭和二十二年法律第七十九号）

　第四十七条　常任委員会及び特別委員会は，会期中に限り，付託された案件を審査する。
　　　常任委員会及び特別委員会は，各議院の議決で特に付託された案件（懲罰事犯の件を含む。）については，閉会中もなお，これを審査することができる。
　第六十八条　会期中に議決に至らなかつた案件は，後会に継続しない。但し，第四十七条第二項の規定により閉会中審査した議案及び懲罰事犯の件は，後会に継続する。

③ 委員会審査制

　国会には，国会法の規定に基づき，議案を審査するために委員会が設けられている。国会法は第40条で「各議院の委員会は，常任委員会及び特別委員会の二種とする」と規定した上で，常任委員会については第41条で各議院における17の委員会を具体的に定めるとともに，特別委員会については第45条で要件のみを定め，具体的な委員会の設置を各議院に委ねている。

> **参考**　**国会法（昭和二十二年法律第七十九号）**
>
> 第四十五条　各議院は，その院において特に必要があると認めた案件又は常任委員会の所管に属しない特定の案件を審査するため，特別委員会を設けることができる。

　国会に提出された議案は先ず委員会に付託され，委員会による審査を経た上で本会議に付されるのが原則となっている。これが委員会中心主義といわれるものであり，国会法第56条第2項がその原則と例外を定めている。

> **参考**　**国会法（昭和二十二年法律第七十九号）**
>
> 第五十六条　（第1項省略）
> 　　議案が発議又は提出されたときは，議長は，これを適当の委員会に付託し，その審査を経て会議に付する。但し，特に緊急を要するものは，発議者又は提出者の要求に基き，議院の議決で委員会の審査を省略することができる。

　なお，参議院規則第29条の2は，委員会提出法案は議長が特に必要と認めたものを除き，委員会に付託しない旨を定めている。
　国会に提出された法案は，議案として国会法第56条の適用を受けるため，議院の議決により委員会審査を省略するとされた場合や委員会提出法案である場合を除き，委員会に付託され，その審査を経た上で，本会議での採決に付されることになる。

(2) 法案審議のプロセス

　国会における法案審議は，以上に述べたように，二院制，会期制，委員会審査制という3つの制度の下で行われる。したがって，法案が会期内に成立するためには，その会期中に次のようなプロセスを経ることが原則として必要となる。

　① 先議院における委員会への付託と委員会の審査
　② 先議院における本会議の審議・可決
　③ 先議院から後議院への送付
　④ 後議院における委員会への付託と委員会の審査
　⑤ 後議院における本会議の審議・可決

　このうち，①と④の委員会審査については，先に述べたように議院の議決により省略される場合がある。また，後に述べるように⑤の段階で後議院が先議院からの送付案を修正議決した場合には，修正された送付案が先議院に回付され，法案の成否はその後の審議プロセスに左右されることとなる。
　このような法案審議のプロセスのうち，委員会審査，本会議審議及び両議院の関係については，次のような制度や慣行がある。

① 提出と委員会付託

　議員提出法案の先議院は，提出者が所属する議院である。内閣提出法案の先議院は与党により決められるが，予算関連法案については予算が憲法上，衆議院先議とされている関係から，基本的に衆議院先議とされている。
　常会における内閣提出法案の提出期限については政府内の申し合わせがあり，ア）予算関連法案については，予算の国会提出後3週間以内に，イ）非予算関連法案については，それからさらに4週間以内に，提出することとなっている。したがって，予算の国会提出が仮に1月下旬だとすれば，内閣提出法案の提出期限は予算関連法案が2月中旬まで，非予算関連法案が3月中旬まで，ということになる。この予算関連法案とは「法律案のうち，それが制

定されなければ予算及び予算参照書に掲げられた事項の実施が不可能であるもの」であり，これに該当しないものが非予算関連法案とされている。

　先に述べたように，提出された法案は原則として委員会に付託されることになるが，その前提として，本会議における趣旨説明と質疑が必要とされる場合がある。これは国会法第56条の2の規定に基づくものであり，法案の中で特に重要なものについて行われることとなっている。個々の法案について，委員会への付託に先立ち，本会議における趣旨説明と質疑を行うかどうかは議院運営委員会において決定される。この決定がなされるまでは法案を委員会に付託することができず，これを法案が「吊されている」状態にあるというが，決定がなされれば「吊しが降り」て（決定の内容により本会議での趣旨説明と質疑を経て），委員会に付託される。

　なお，内閣から提出された法案については，国会法第59条の規定により，先議院で議題となった後に修正し，又は撤回するには，その院の承諾が必要となり，また，先議院を通過した後は修正することも撤回することもできないこととなっている。

国会法（昭和二十二年法律第七十九号）

第五十九条　内閣が，各議院の会議又は委員会において議題となつた議案を修正し，又は撤回するには，その院の承諾を要する。但し，一の議院で議決した後は，修正し，又は撤回することはできない。

② **委員会審査**

　委員会の人数は，常任委員会については議院規則により，特別委員会については議院の議決により，定められている。委員は，各会派の所属議員数の比率により各会派に割り当てられる。常任委員長は本会議で選挙され，特別委員長は委員会で互選される。委員長は，委員会の議事を整理し，秩序を保持する（国会法第25条，第45条，第46条及び第48条）。

　委員会には理事が置かれ，委員長に事故があったときに職務を代行するほ

か，委員会の運営を協議する。委員会の開会の日時を定めるのは委員長の権限であるが，委員会の運営は理事の協議に基づいて行われる（議院規則等）。

委員会の開会には委員の半数以上の出席が必要であり，議事は出席委員の過半数で決し，可否同数のときは委員長の決するところによる（国会法第49条及び第50条）。

委員会における法案の審査は，提案理由説明，質疑，討論・採決という流れに沿って進められる。質疑と討論・採決の間に，必要に応じて公聴会や参考人からの意見聴取が行われることがあり，修正案が提出される場合には，討論・採決の前にその提案理由説明がある。また，採決の後に附帯決議が行われることもある。

提案理由説明は，担当大臣（内閣提出法案の場合）又は法案提出者（議員提出法案の場合）が，委員会審査の冒頭に法案を提出した理由を説明するものである。

質疑は，委員が提出者側に対して一問一答の形で行う。内閣提出法案に関する質疑の相手方は，国務大臣，官房副長官，副大臣又は大臣政務官であるが，行政に関する細目的・技術的な事項については政府参考人から説明を聴く場合がある。

公聴会は，国会法第51条に基づき，委員会が「一般的関心及び目的を有する重要な案件」について利害関係者や学識経験者から意見を聴くものである。同条第2項では，総予算と重要な歳入法案については公聴会を開かなければならない，と定めている。参考人からの意見聴取については，議院規則に根拠がある。

討論は，採決の前に各会派を代表する者が賛否を明らかにして意見を述べるものである。

採決は，委員会としての賛否を決するものであり，先に述べたように，出席委員の過半数で決し，可否同数のときは委員長の決するところによる。

附帯決議は，委員会として採決した法案に関連する意見，要望などを表明

するものである。その表決後、内閣提出法案については担当大臣から「趣旨を尊重する」旨を発言するのが通例である。

③ 本会議審議

本会議は、議員全員の会議であり、議院としての意思は本会議で決定される。

本会議の開会には総議員の3分の1以上の出席が必要であり、議事は特別の場合を除き出席議員の過半数で決し、可否同数のときは議長の決するところによる（憲法第56条）。

本会議は、通常、衆議院では火曜・木曜・金曜日の午後1時、参議院では月曜・水曜・金曜日の午前10時から開かれる。

委員会の審査が終了した法案は、本会議に上程され、審議される。本会議における法案の審議は、法案を審査した委員会の委員長が委員会審査の経過と結果を報告し、場合によっては質疑や討論を行った後、採決を行って可否を決するという流れに沿って進められる。

④ 両議院の議決と法案の成否

先議院で原案通り又は修正の上可決された法案は、後議院に送付され、後議院において、委員会審査を経て本会議に上程され、審議される。後議院が送付された法案を原案通りに可決すれば、成立し、法律となる。

後議院が送付された法案を修正議決した場合には、先議院に回付する。この回付された法案について、先議院が同意すれば成立し、法律となる。他方、先議院が回付案に同意しない場合には、原則として法案は不成立となるが、憲法第59条第2項の規定により衆議院による再可決があったときは衆議院が可決した案が法律となり、また、両院協議会が開かれて成案が得られ、各議院が可決したときは、その成案が法律となる。

後議院が送付された法案を否決した場合には、原則として法案は不成立となるが、憲法第59条第2項の規定により衆議院による再可決があったときは

衆議院が可決した案が法律となる。また、参議院が衆議院から送付された法案を否決した場合に、両院協議会が開かれて成案が得られ、各議院が可決したときは、その成案が法律となる。

⑤　衆議院による再可決

衆議院による再可決は、先に述べたように憲法第59条第2項が定める制度であり、衆議院で可決し、参議院でこれと異なった議決をした法律案は、衆議院で出席議員の3分の2以上の多数で再び可決したときは法律となる。

この制度に関し、憲法第59条第4項は「参議院が、衆議院の可決した法律案を受け取つた後、国会休会中の期間を除いて六十日以内に、議決しないときは、衆議院は、参議院がその法律案を否決したものとみなすことができる」という「みなし否決」の規定を設けている。

近年の例としては、平成20年と平成21年の常会において、国税、特例公債などの歳入に関連する法案が衆議院の再可決によって成立したが、このうち、平成20年の再可決は「みなし否決」の規定を適用した上で行われた。

⑥　両院協議会

両院協議会は、衆参両議院の意思が一致しない場合に開かれる会議であり、予算、条約締結の承認及び内閣総理大臣の指名について両議院が異なった議決をした場合には必ず開かれることとなっている（憲法第60条第2項、第61条及び第67条第2項、国会法第85条、第86条及び第88条）。

両院協議会では、両院から選出される10名ずつの委員が協議を行い、出席協議委員の3分の2以上の多数が協議案を議決したときは成案となる。成案が両院で可決されたときは、これが国会の議決となる（国会法第89条及び第92条）。

法案について、衆議院は次の場合に両院協議会を求めることができる（国会法第84条第1項）。

ア　衆議院が参議院からの回付案に同意しないとき

イ　参議院が衆議院の送付案を否決したとき
ウ　参議院が衆議院からの回付案に同意しないとき

　衆議院がこれにより両院協議会を求めた場合には，参議院は拒むことができない（国会法第88条）。他方，参議院は衆議院からの回付案に同意しないとき（ウの場合）にのみ両院協議会を求めることができ，衆議院はこれを拒むことができる（国会法第84条第2項）。

　なお，両院協議会で成案が得られた例は稀であり，その理由として，両院から選出される10名の協議委員がすべて各議院の多数会派から指名されるので，3分の2以上の多数を得ることが困難であるという点が挙げられている（平成6年の政治改革関連法案は，参議院が否決した直後に与野党間の合意が成立したため，両院協議会で成案が得られることとなった）。

2 閣法の立案過程

「閣法」とは、内閣提出の法案が成立して法律となったものをいう。閣法の立案過程で担当省庁が履行すべき手続については先に概略を述べたところであるが、ここでは閣法がどのような契機で、どのようなスケジュールの下に立案されるかを概観するとともに、内閣法制局審査の概要を紹介することとしたい。

1. 立案の契機

各省庁が、担当する行政事務に関して閣法の立案を行う契機には、次のようなものがある。

① 政権公約の実施

内閣の構成母体である政権与党が選挙などの際に国民に約束した政策を実現するために必要な法制の整備を行うもの。

近年の例としては、成長戦略の実行や子ども手当の実施のための法制などがある。

② 基本法を踏まえた立法措置

特定の政策分野における施策の推進に向けた法制の整備を求めている基本法のプログラム規定を踏まえて、立法措置を講ずるもの。

近年の例としては、公務員制度改革や社会保障制度改革に関する基本法の規定を踏まえた立法措置などがある。

③ 不祥事などに対応した規制強化

市場の公正を阻害する不祥事や社会生活の安全を脅かす事故などが発生し

た場合に再発を防止し，公正や安全を確保するために必要な規制強化の措置を講ずるもの。

近年の例としては，証券・金融不祥事に対応した金融関係法規の改正や製品事故に対応した消費生活用製品安全法の改正などがある。

④ 被災者救済のための措置

大規模な人為的災害や自然災害が発生した場合に，その被災者を救済するために必要な立法措置を講ずるもの。

近年の例としては，石綿による被災者を救済するための平成18年の立法措置や平成23年に発生した東日本大震災による被災者を救済するために講じられた多数の震災関連立法などがある。

⑤ 特別措置の延長など

一定の期間に限定した特別措置を定めている法律について，その措置の延長や衣替えを行うために立法措置を講ずるもの。毎年の租税特別措置法の改正などがその例である。

⑥ 条約締結のための国内法整備

条約の締結に伴って，我が国が負担する義務を履行するために必要な国内法の整備を行うもの。

近年の例としては，国際的な子の奪取の民事上の側面に関する条約の実施に関する法律（平成25年法律第48号）などがある。

⑦ 違憲判決を受けた条項の改正

最高裁の判決・決定により憲法に反するとされた法律の条項を改正するもの。

近年の例としては，平成20年6月4日の判決を受けた国籍法改正（国籍取得準正要件の削除），平成25年9月4日の決定を受けた民法改正（非嫡出子相

続分差別の撤廃）などがある。

⑧ 検討条項に基づく制度改正
制定法の附則に規定されている検討条項に基づいて法制の在り方を見直した結果，必要と判断された法制上の措置を講ずるもの。

2．立案の時期と手続

　各省庁が所管行政に関して立法措置が必要であると判断した場合には，その緊急性，立案作業や調整手続に要する時間などを考慮して，法案の提出を予定する国会の会期を想定しなければならない。

　内閣提出法案の中には臨時会（場合によっては特別会）に提出されるものもあるが，その多くは常会に提出される。そこで，以下では内閣が常会に提出する法案を対象として，立案から提出に至る時期と手続の概要を述べることとしたい。

　先に述べたように，常会は毎年1月中に召集され，当初の会期は150日間である。また，政府内の申し合わせにより，常会における内閣提出法案の提出期限は，予算関連法案については予算の国会提出後3週間以内，非予算関連法案についてはそれからさらに4週間以内，とされている。したがって，予算提出が1月下旬とすれば，予算関連法案は2月中旬，非予算関連法案は3月中旬，が提出期限となる。

　他方，常会提出法案の検討を開始する時期についてはこのようなルールは設けられていないが，常会の前年の夏までには担当省庁内で法案の提出に向けた検討が開始されるのが通例である。

　常会提出法案の検討開始から提出に至る一連のスケジュールの中では，「8月末から9月下旬」と「12月後半から1月初旬」という2つの時期が重要な節目となっている。

① 8月末から9月下旬

各省庁は，予算要求の期限である8月末に向けて，翌年の常会に提出を予定する予算関連法案を検討する。

その後，各省庁は9月下旬には非予算関連法案を含め，翌年の常会提出予定法案の骨子案を策定することとなっている。したがって，8月末から9月下旬に至る時期は，担当省庁において翌年の常会提出予定法案に関する基本的な方向が決定される重要な節目となる。

② 12月後半から1月上旬

12月の後半には翌年度の予算が決定され，予算関連法案の前提が整うとともに，税制改正大綱が決定され，翌年度の税法改正案の内容が固まることとなる。

その後，年が明け，常会の開会を控えた1月上旬には，常会への提出を予

図表3

時　期	手　続　・　事　務
遅くとも8月まで	担当省庁における提出予定法案の検討開始 （必要に応じて審議会への諮問）
8月末	予算概算要求の締め切り
9月下旬	担当省庁における提出予定法案の骨子策定
10月から12月まで	内閣法制局における予備審査 （審議会からの答申）
12月中下旬	税制改正大綱の決定 予算の概算閣議決定
1月上旬	法案の提出に関する検討（内閣法制局等）
1月中下旬	与党国対における法案説明 常会の召集 予算の国会提出
2月から3月まで	法案の正式な各省協議 法案の与党審査 予算関連法案の提出 非予算関連法案の提出

定する法案を検討し，確定する作業が内閣法制局の関与の下に進められる。内閣法制局では前年の秋以降，担当省庁が立案する法案について予備審査を行っているが，通常1月上旬に，担当省庁から，常会において提出を予定する法案及び検討中とする法案について聴取した上で，その取扱いを検討する（この検討結果は，内閣官房が作成する「内閣提出予定法律案等件名・要旨調」に反映されることとなる）。

さらに，1月上旬から法案の提出までの間は，担当省庁が法案について，正式な各省協議を行うとともに与党審査を受けるなど，多くの重要な手続が履行される。

以上に述べた手続を含め，内閣提出法案の検討開始から提出に至る主要な関連日程は，概ね図表3のようなものとなる。

3．内閣法制局審査

(1) 内閣法制局の組織

内閣法制局は，内閣法制局設置法（昭和27年法律第252号）により，内閣に置かれている組織である。

内閣法制局には4つの部があり，第1部で意見事務を，第2部，第3部及び第4部で審査事務を行っている。意見事務とは，法律問題に関し内閣並びに内閣総理大臣及び各省大臣に対し意見を述べる事務であり，審査事務とは，閣議に付される法律案，政令案及び条約案を審査する事務である。

内閣法制局のホームページでは，各事務の内容と担当部について次のように紹介している。

① 意見事務

法令の解釈は，その法令を所管し，その執行に当たる各省庁において行っているが，法令の解釈に関して各省庁において疑義がある場合や関係省庁間において争いがあるような場合に各省庁から求めがあったときは，内閣法制局がこれに応じて法律問題に対する意見を述べる役割を担っている。

② 審査事務

内閣提出法案については，閣議に付される前に各省庁が立案したものをすべて内閣法制局で審査している。

例年400件ほどある政令も，すべて内閣法制局の審査を経て閣議に付される。

条約は内閣が締結するものであるが，「事前に，時宜によっては事後に，国会の承認を経ることを必要とする」（憲法第73条第3号ただし書）こととされている条約（いわゆる国会承認条約）についても，すべて内閣法制局の審査を経て閣議に付されることとされている。

③ 審査事務の部別分担

法律案，政令案及び条約案の審査事務は，各部で次のように分担されている。

◇第2部
　内閣（内閣府を除く），内閣府（公正取引委員会及び金融庁を除く），法務省，文部科学省，国土交通省又は防衛省関係
◇第3部
　金融庁，総務省（公害等調整委員会を除く），外務省若しくは財務省又は会計検査院関係
◇第4部
　公正取引委員会，公害等調整委員会，厚生労働省，農林水産省，経済産業省又は環境省関係

(2) 審査事務の概要

内閣法制局のホームページでは，審査事務の遂行に関し，次のように述べている。

① 審査事務の進め方

　内閣が提出する法律案については、閣議に付される前にすべて内閣法制局における審査が行われる。内閣法制局における審査は、本来、主管省庁から出された内閣総理大臣宛ての閣議請議案の送付を受けてから開始されるものであるが、現在、事務的には主管省庁の議がまとまった法律案の原案について、いわば予備審査の形で進める方法が採られている。したがって、閣議請議は内閣法制局の予備審査を経た法律案に基づいて行われる。

② 審査の観点

　内閣法制局における審査は、主管省庁で立案した原案に対して、
- 憲法や他の現行の法制との関係、立法内容の法的妥当性
- 立案の意図が、法文の上に正確に表現されているか
- 条文の表現及び配列等の構成は適当であるか
- 用字・用語について誤りはないか

というような点について、法律的、立法技術的にあらゆる角度から検討する。

③ 閣議請議との関係

　予備審査が一応終了すると主任の国務大臣から内閣総理大臣に対し国会提出について閣議請議の手続を行うことになり、これを受け付けた内閣官房から内閣法制局に対し同請議案が送付される。内閣法制局では、予備審査における審査の結果とも照らし合わせつつ最終的な審査を行い、必要があれば修正の上、内閣官房に回付する。

3 近年の立法事例

1．ねじれ期における内閣提出法案

　毎年，常会に相当多数の法案が内閣から提出され，多くが会期中に成立しているが，各年の提出件数や成立率はさまざまな要因によって変動する。例えば，事故や災害をはじめとする社会事象の発生や経済状況・国際環境の変化など，その時々における社会経済情勢は，法的措置による政策対応の必要性に関する政府当局の判断に影響し法案の提出件数を左右する要因となるが，国会における与野党の議席配分に象徴される各年の政治状況は，法案の提出件数とともにその成立率に大きな影響を与える要因となる。

　近年では，平成20年から25年までの6年間に衆参両議院における与野党の議席配分が逆転し，与党の参議院での議席が過半数を割り込む状況，すなわち衆参の「ねじれ」と呼ばれる状況が生じた。常会における内閣提出法案の件数と成立率について，この6年間の平均とその前の「ねじれ」のない6年間（平成14年から19年までの間）の平均を対比すると次のとおりであり，両者には顕著な差異がある。

- 平成14年～19年（衆参両議院で与党が過半数を保持）
  提出件数　：　100件前後　　　　成立率　：　9割程度
- 平成20年～25年（平成22年を除き，参議院で与党が過半数割れ）
  提出件数　：　80件前後　　　　成立率　：　75％程度

　図表4は，「ねじれ期」に当たる平成20年から25年までの6年間と「ねじれ」が解消された平成26年の各年につき，常会における内閣提出法案の件数と成立率及び主要法案の成否を整理したものである。

図表 4

平成年	内閣	提出件数	成立率(%)	主要法案の成否
20	福田	80	79	◎ 税法・特例公債法（4月衆・みなし否決後再可決） ○ 国家公務員制度改革基本法（修正可決） × 行政不服審査法改正案（21年廃案）
21	麻生	69	90	◎ 税法・特例公債法（3月衆・再可決） ○ 公文書管理法（修正可決） × 国家公務員法等改正案（21年廃案）
22	鳩山	64	55	◎ 税法・特例公債法（3月可決） ○ 高校授業料無償化法，子ども手当支給法（3月可決） ○ 地域主権改革関連法（23年修正可決） ○ 労働者派遣法改正（24年修正可決） △ 郵政改革関係法（24年撤回，衆法成立） × 地球温暖化対策基本法案（24年廃案） × 国家公務員法等改正案（22年廃案）
23	菅	90	80	◎ 税法（2分割され，6月可決，11月修正可決） ◎ 特例公債法（8月修正可決） 震災関連法案：22件（うち19件成立） 　△ 復興基本法 　○ 復興財確法，原賠機構法等 × 情報公開法改正案（24年廃案） × 国家公務員制度改革関連法案（24年廃案）
24	野田	83	66	◎ 24年度改正税法（3月可決） ◎ 一体改革関連消費税法改正（8月修正可決） ◎ 特例公債法（臨時会に再提出後，11月修正可決） ○ 年金・子育ての一体改革関連法（8月修正可決） △ 原子力規制関係法（閣法撤回，衆法成立）
25	安倍	75	84	◎ 税法（3月可決） ○ 行政手続における特定の個人を識別するための番号の利用等に関する法律（5月可決）
26	安倍	81	98	◎ 税法（3月可決） ○ 行政不服審査法（6月修正可決） ○ 国家公務員法等改正（継続審査案件）（4月修正可決）

表中の「主要法案の成否」の欄において各法案の前に付した記号の意味は，次のとおりである。

◎　歳入関連の重要法案（具体的には，税法と特例公債法）
○　その他の重要法案のうち，可決（修正可決を含む）成立したもの
△　その他の重要法案のうち，与野党の合意に基づき，議員立法の提出と同時に撤回したもの
×　その他の重要法案のうち，廃案となったもの

　歳入関連の重要法案（税法と特例公債法）は，与野党対決法案であり，衆参両院で与党が過半数を占めていた時には対象年度が始まる前の3月中に成立したが，「ねじれ」の状況下では，野党側の協力が得られない限り3月中の成立はもとより，成立自体を見通すことが困難となった。平成20年と21年当時は，衆議院で与党が3分の2以上の議席を占めていたため，衆議院による再可決が行われて成立し，平成22年には「ねじれ」が解消したため3月中に成立したが，再び「ねじれ」となった平成23年と24年には，衆議院での与党の議席数が再可決を可能とする状況にない中で，法案成立への野党側の協力が得られるまでに相当の日数を要し，例年に比べてかなり遅い時期に成立することとなった（平成25年も「ねじれ」状態が続いていたが，前年に成立した法律が特例公債の発行を許容しているため特例公債法案を提出する必要がなく，税制改正法案は与野党間で合意できる内容であったことから3月中に成立した）。

　その他の法案についても基本的な構造は同じであり，「ねじれ」の状況下では，法案の成否は野党側の協力が得られるか否かによって分かれることとなった。表中に○を付した法案については，法制整備の必要性に関する野党側の理解があったことから，与野党間で協議が進められ，修正を条件として成立させるという合意が形成された。これに対し，×を付した法案には，このような進展がなく，廃案となった。

　一方，△を付した法案は，最終的に撤回されたが，当該法案の立法目的の重要性とその実現に向けた法制整備の必要性を野党側が認識していたことか

ら、与野党間で立法措置の具体的な内容に関する協議が進められ、その結果、内閣提出法案の撤回と引き替えに議員立法を提出して成立させるという合意が形成された。その際、内閣提出法案の対案として提出されていた議員提出法案を撤回するとともに、これらを実質的に一本化した委員会提出の議員立法を提出して成立させるという方式が採られることもあった。このようなケースでは、内閣が提出した法案は不成立となったが、これを契機として議員立法が成立し、法制の整備が実現することとなった。

このように「ねじれ」の時期において与野党間協議を経て実現した重要な法制は表中に記載したものを含めて多数あるが、特に注目に値するのは、平成23年に発生した東日本大震災に対応して講じられた一連の立法措置と、平

図表5

年	常会回次	内閣	内閣提出法案			議員提出法案		
			提出件数	成立件数	成立率(%)	提出件数	成立件数	成立率(%)
14	154	小泉	104	88	85	69	13	19
15	156	小泉	121	118	98	69	14	20
16	159	小泉	127	120	95	83	15	18
17	162	小泉	89	75	84	49	18	37
18	164	小泉	91	82	90	61	14	23
19	166	安倍	97	89	92	68	22	32
20	169	福田＊	80	63	79	59	17	29
21	171	麻生＊	69	62	90	84	18	21
22	174	鳩山	64	35	55	53	10	19
23	177	菅＊	90	72	80	56	28	50
24	180	野田＊	83	55	66	77	31	40
25	183	安倍＊	75	63	84	81	10	12
26	186	安倍	81	79	98	75	21	28
27	189	安倍	75	66	88	72	12	17
28	190	安倍	56	50	89	72	18	25

（注）上記表中の＊は、参議院で与党が過半数割れであったことを示す

成24年に整備された社会保障と税の一体改革関連の法制である。前者は与野党が協力して未曾有の国難に対処したことを、後者は持続可能な社会の構築に向けた改革が与野党の合意により実現することとなったことを示すものである。以下、この両者につき **2.** と **3.** で、立法の経緯や骨子などを概観することとしたい。

なお、平成14年から平成28年までの各年の常会における内閣提出法案と議員提出法案の件数と成立率は**図表5**のとおりである。議員提出法案の成立率は、野党が提出する対案が成立に至らないことなどにより低くなっているが、平成23年の成立率が比較的高いのは、震災対応に議員立法が大きな役割を果たしたことを反映したものである。

2. 東日本大震災への対応

平成23年3月11日に発生した東日本大震災に対応して、被災者の支援や被災地の復旧を図るために、議員立法を含め多数の震災関連法案が提出された。平成23年には常会（第177回国会）と2つの臨時会（第178回国会、第179回国会）が召集されたが、そこで成立した震災関連法案は常会で32本、臨時会で2本＋10本の、計44本であり、提出者別の内訳は内閣提出が29本、議員提出が15本（衆法11本、参法4本）となっている。それぞれの成立経過はさまざまであり、原案可決、修正可決のほか、**1.** で述べた△のケースのうち、内閣提出法案と議員提出法案を実質的に委員会提出法案に一本化するケースもあった。

大震災後まもなく、衆参両院に東日本大震災復興特別委員会が設置され（衆議院では5月19日、参議院では6月13日）、これ以降、主な震災関連法案はこの特別委員会で審査されることとなった。

成立した多くの震災関連法案のうち、内閣提出法案と議員提出法案又は議員修正案との協働関係を示す代表的な事例として、震災復興と被災者支援のそれぞれの領域から、東日本大震災復興基本法（平成23年法律第76号）と原子力損害賠償・廃炉等支援機構法（平成23年法律第94号）を取り上げ、成立

に至る経緯を概観することとしたい。前者は内閣提出と議員提出の2つの法案が委員会提出法案に一本化された事例であり、後者は内閣提出法案が修正可決された事例である。

① 東日本大震災復興基本法

東日本大震災の直後から、立法府、行政府の双方で復興を推進するための施策や組織の法制化に向けた検討が開始され、平成23年5月13日には内閣から東日本大震災復興の基本方針及び組織に関する法律案が、同月18日には自民党の議員から東日本大震災復興再生基本法案が、提出された。この両案は同月19日に衆議院本会議での趣旨説明と質疑が行われ、翌20日に東日本大震災復興特別委員会に付託され、審議入りした。両案の主な規定事項は次のとおりである。

- 東日本大震災復興の基本方針及び組織に関する法律案（内閣提出）
    復興の基本理念
    復興対策本部の設置
    復興庁の設置の検討（附則に規定）
- 東日本大震災復興再生基本法案（議員提出）
    復興の基本理念
    復興再生基本計画の策定
    基本的施策（復興再生債の発行等）
    復興再生院の設置

その後、両案について委員会の審査とともに、民主、自民及び公明の三党による修正の協議が進められた結果、合意が形成され、これに基づき、6月9日、両案がいずれも撤回されるとともに、東日本大震災復興特別委員会から、東日本大震災復興基本法案が提出されるに至った。この法案の主な規定事項は次のとおりであり、内閣提出と議員提出の両案を調整し、一本化したような内容となっている。

- 東日本大震災復興基本法案（東日本大震災復興特別委員長提出）
    - 復興の基本理念
    - 基本的施策（復興債の発行，復興特別区域等）
    - 復興対策本部の設置
    - 復興庁の設置（本則に規定）

この法案は翌10日の本会議で可決された後に参議院に送付され，平成23年6月20日の本会議で可決・成立した。

② 原子力損害賠償・廃炉等支援機構法

東日本大震災に関しては，復興の推進とともに被災者への支援が大きな政策課題となった。その1つとして，東京電力福島第一原子力発電所の事故による損害を受けた被害者に対する賠償が迅速かつ適切に行われるよう，原子力事業者を支援する機構を設立する措置が検討され，平成23年6月14日，原子力損害賠償支援機構法案が内閣から提出された。この法案の主な規定事項は次のとおりである。

- 原子力損害賠償支援機構法案
    - 原子力損害賠償支援機構の設立
    - 機構の組織（運営委員会が重要事項を決議）
    - 機構の業務
        - 原子力事業者に対する資金援助
        - 交付国債を活用した特別資金援助
        - 原子力事業者からの負担金の収納
        - 原子力損害を受けた者からの相談に応ずる業務等

この法案は，7月8日に衆議院本会議で趣旨説明と質疑が行われた後，東日本大震災復興特別委員会に付託され，審議入りした。委員会では政府に対する質疑のほか，参考人からの意見聴取も行われ，同月26日には民主，自民，

公明及びたちあがれ日本の4会派からの修正案が提出されるに至った。この修正案の骨子は、国の責務規定を追加すること、機構が原子力事業者の委託を受けて損害賠償の支払業務を行うことができるようにすることなどである。

同日の委員会では、この修正案と修正部分を除く原案が可決され、法案が修正可決されることとなった。その後、同月28日の本会議で同様に修正可決された本法案は、参議院に送付され、平成23年8月3日の本会議で可決・成立した（本法は、制定当時、原子力損害賠償支援機構法という題名であったが、一部改正法（平成26年法律第40号）により、題名が原子力損害賠償・廃炉等支援機構法と改められた）。

3．社会保障・税の一体改革

社会保障と税の一体改革は、政権交代前の自民党政権下で成立した平成21年度税制改正法附則の規定に淵源を有するものであり、政権交代後、菅内閣と野田内閣の時代にその実現に向けた具体的な取組方針が政府与党内で取りまとめられた。

平成21年度税制改正法の附則第104条第1項は、次のように、社会保障給付と少子化対策に要する費用の見通しを踏まえて、税制の抜本的な改革を行うため、平成23年度までに政府が必要な法制上の措置を講ずべきことを定めている。

所得税法等の一部を改正する法律（平成二十一年法律第十三号）

　　附　則
　（税制の抜本的な改革に係る措置）
第百四条　政府は、基礎年金の国庫負担割合の二分の一への引上げのための財源措置並びに年金、医療及び介護の社会保障給付並びに少子化に対処するための施策に要する費用の見通しを踏まえつつ、平成二十年度を含む三年以内の景気回復に向けた集中的な取組により経済状況を好転させることを前提として、遅滞なく、かつ、段階的に消費税を含む税制の抜本的な改革を行うため、平成二十三年度までに必要な法制上の措置を講ずるものとする。この場

> 合において，当該改革は，二千十年代（平成二十二年から平成三十一年までの期間をいう。）の半ばまでに持続可能な財政構造を確立することを旨とするものとする。

　その後，菅内閣と野田内閣の時代に，社会保障と税の一体改革について政府与党が本部を設置して具体案を検討し，次のように検討結果を取りまとめた文書が策定された。
　平成23年6月30日　社会保障・税一体改革成案
　平成24年1月6日　社会保障・税一体改革素案

　野田内閣は，この「社会保障・税一体改革素案」を平成24年2月17日に「社会保障・税一体改革大綱」として閣議決定し，これを踏まえて社会保障・税一体改革関連の7つの法案を提出した。
　衆議院では，平成24年4月26日に「社会保障と税の一体改革に関する特別委員会」を設置した後，7法案について，本会議で趣旨説明の聴取と質疑を行った上で，同委員会に付託し，審査することとなった。
　7法案の内訳は，年金制度改革の関連法案が2本，少子化対策の関連法案が3本，税制改革の関連法案が2本となっており，各法案の題名と提出日及び委員会付託日は次のとおりである。

〈年金制度改革の関連法案〉
- 公的年金制度の財政基盤及び最低保障機能の強化等のための国民年金法等の一部を改正する法律案
　　　　　　　　　　　　　　3月30日提出　　5月8日付託
- 被用者年金制度の一元化等を図るための厚生年金保険法等の一部を改正する法律案
　　　　　　　　　　　　　　4月13日提出　　5月8日付託

〈少子化対策の関連法案〉
- 子ども・子育て支援法案

- 総合こども園法案
- 子ども・子育て支援法及び総合こども園法の施行に伴う関係法律の整備等に関する法律案

         3月30日提出 5月10日付託

〈税制改革の関連法案〉
- 社会保障の安定財源の確保等を図る税制の抜本的な改革を行うための消費税法等の一部を改正する等の法律案
- 社会保障の安定財源の確保等を図る税制の抜本的な改革を行うための地方税法及び地方交付税法の一部を改正する法律案

         3月30日提出 5月11日付託

　委員会では，5月中旬に担当大臣から提案理由説明を聴取した後，6月中旬にかけて，参考人からの意見聴取，公聴会などと前後して質疑が行われた。この間，民主党，自民党及び公明党の3党間において法案の修正協議が行われ，次のような合意が形成された。

① 　議員が2法案（社会保障制度改革推進法案と認定こども園法改正案）を提出し，成立を図ること。
② 　総合こども園法案以外の内閣提出6法案を修正し，成立を図ること。

　この三党間合意を受け，委員会において，6月20日以降，①の2法案とともに，②の6法案に対する修正案が提出され，質疑の後，同月26日に，2法案と修正後の6法案の計8法案が賛成多数をもって議決された。

　この8法案は，同日に衆議院本会議で可決された後，参議院における審議を経て，平成24年8月10日に可決・成立した（内閣が提出した総合こども園法案は，同年9月8日の会期終了に伴い，廃案となった）。

　持続可能な社会の構築に向けた重要な改革である社会保障と税の一体改革は，このような過程を経て所要の法制の整備が実現することとなった。

索 引

〔あ行〕

改め文 ······················ 7, 146

委員会中心主義 ······················ 206
委員会提出法案 ······················ 202
以下 ······················ 192
意見 ······················ 58
違憲立法審査権 ······················ 19
以後 ······················ 192
以降 ······················ 192
以上 ······················ 192
以前 ······················ 192
一般法 ······················ 25
委任命令 ······················ 13
引用 ······················ 134

営業の自由 ······················ 59
枝番号 ······················ 148

及び ······················ 177

〔か行〕

会期不継続の原則 ······················ 205
解釈規定 ······················ 42, 97
改正文 ······················ 146
外来語 ······················ 171
かぎ括弧 ······················ 172
閣議 ······················ 200
各号列記 ······················ 28
拡張解釈 ······················ 46
学理的解釈 ······················ 41
閣令 ······················ 15

過料 ······················ 100
間接罰方式 ······················ 102
官報 ······················ 8
冠法（かんむりほう） ······················ 145
議院規則 ······················ 15
議院法制局 ······················ 203

基本法 ······················ 75
行政解釈 ······················ 38
行政犯 ······················ 100
行政立法の限界 ······················ 21
共通見出し ······················ 130

句点 ······················ 170

経過措置 ······················ 120
刑罰 ······················ 99
現行法令 ······················ 6
限時法 ······················ 29, 119
限定解釈 ······················ 64
検討条項 ······················ 126
件名 ······················ 3, 82

項 ······················ 129
号 ······················ 130
後議院 ······················ 204
後段 ······················ 132
公聴会 ······················ 209
項番号 ······················ 129
号番号 ······················ 130
公布 ······················ 3
公布文 ······················ 3
後法優先の原理 ······················ 26

索引

〔さ行〕

- 超える ……………………… 192
- 国会の会期 ………………… 204
- 国会の召集 ………………… 204
- この限りでない …………… 186
- 最高裁判所規則 …………… 15
- 財産権の保障 ……………… 61
- 削除表記 …………………… 149
- 妨げない …………………… 186
- 猿払基準 …………………… 63
- 参考人からの意見聴取 …… 209
- 自然犯 ……………………… 100
- 実施命令 …………………… 13
- 実体的な規定 ……………… 97
- してはならない …………… 181
- しなければならない ……… 180
- 司法 ………………………… 39
- 者（しゃ） ………………… 190
- 衆議院による再可決 … 203, 211
- 衆参の「ねじれ」 ………… 220
- 自由の基礎法 ……………… 19
- 縮小解釈 …………………… 48
- 趣旨規定 …………………… 92
- 準ずる ……………………… 194
- 準用 ………………………… 136
- 条 …………………………… 129
- 常会 ………………………… 204
- 条文の平易化 ……………… 73
- 条名 ………………………… 27
- 常用漢字表 ………………… 167
- 常例とする ………………… 184
- 推定する …………………… 185
- 数字 ………………………… 172
- 速やかに …………………… 192
- することができない ……… 181
- することができる ………… 183
- するものとする …………… 180
- 制限規範 …………………… 19
- 政策秘書 …………………… 202
- 制定文 ……………………… 84
- 制定法令 …………………… 6
- 整備法 ……………………… 109
- 責務規定 …………………… 96
- 施行 ………………………… 29
- 施行期日 …………………… 111
- 施行法 ……………………… 110
- 先議院 ……………………… 204
- 前段 ………………………… 132
- 全部改正法 ………………… 77
- 前文 ………………………… 89
- 遡及適用 …………………… 115
- 促音 ………………………… 169
- 属人主義 …………………… 32
- 属地主義 …………………… 32
- その他 ……………………… 191
- その他の …………………… 191

〔た行〕

- 太政官布告 ………………… 11
- 題名 …………………… 3, 80
- ただし書 …………………… 131
- 直ちに ……………………… 192
- 立入検査の規定 …………… 98
- 縦棒 ………………………… 174
- 遅滞なく …………………… 192
- 秩序罰 ……………………… 99
- 地方自治特別法 …………… 31
- 直罰方式 …………………… 102
- 勅令 ………………………… 14

通達	38
吊し	208
提案理由説明	209
定義規定	42, 92
適用	29
等	196
同	193
当該	193
読点	170
当分の間	197
とき	188
時	188
特別会	204
特別法	25
特別法優先の原理	26
とする	179

〔な行〕

内閣	200
内閣法制局	217
中黒	174
並びに	177
二院制	203
に係る	195
二段ロケット	145
日本法令索引	8
後（のち）	192

〔は行〕

場合	188
廃止法	77
柱書（はしらがき）	28
罰則	99
反対意見	58
反対解釈	50
表	139
非予算関連法案	208
文理解釈	41
閉会中審査	205
別記	142
別表	141
便宜見出し	130
変更解釈	49
法案提出の閣議請議	201
法規的解釈	41
法人重課	103
法の下の平等	65
法令改正の一括化	144
法令全書	8
法令データ提供システム	9
法令番号	4
法令用語	43, 175
ポツダム命令	12
本則	88
本体施行	113

〔ま行〕

前	192
又は	175
まる括弧	172
見出し	27, 130
みなし否決	211
みなす	185
未満（満たない）	192
目次	86
目的規定	90

若しくは ………………………… 175
もちろん解釈 …………………… 52
物 ………………………………… 190
もの ……………………………… 190
ものとする ……………………… 179

〔や行〕

拗音 ……………………………… 169
予算関連法案 …………………… 208
予備審査 ………………………… 219
読替規定 ………………………… 138
読替え適用 ……………………… 138

〔ら行〕

立法事項 ………………………… 71
立法事実 ………………………… 71
立法目的 ………………………… 71
理念規定 ………………………… 96
略称規定 ……………………… 42, 93
両院協議会 ……………………… 211
両罰規定 ………………………… 102
臨時会 …………………………… 205

類推解釈 ………………………… 51

例とする ………………………… 184
例による ………………………… 184

論理解釈 ………………………… 41

【著者紹介】

外山　秀行（とやま　ひでゆき）
東京大学公共政策大学院客員教授(法令実務に関する講座を担当)。
弁護士。国際石油開発帝石（株）監査役。

1974(昭和49)年東京大学法学部在学中，司法試験に合格。翌1975(昭和50)年同大学を卒業後，大蔵省に入省。2012(平成24)年退官。その間，内閣法制局に通算14年間にわたり勤務(1991(平成3)年第一部参事官，2005(平成17)年第四部長，2006(平成18)年第三部長など)。

平成29年3月25日　　初版発行　　　　　　　　略称：法令実務

法令実務基礎講座

著　者　　外　山　秀　行

発行者　　中　島　治　久

発行所　　同 文 舘 出 版 株 式 会 社
　　　　　東京都千代田区神田神保町1-41　　〒101-0051
　　　　　営業（03）3294-1801　　編集（03）3294-1803
　　　　　振替 00100-8-42935　　http://www.dobunkan.co.jp

Ⓒ H. TOYAMA　　　　　　　　　　　　　DTP：マーリンクレイン
Printed in Japan 2017　　　　　　　　　印刷・製本：三美印刷

ISBN978-4-495-46551-3

JCOPY 〈出版者著作権管理機構 委託出版物〉
本書の無断複製は著作権法上での例外を除き禁じられています。複製される場合は，そのつど事前に，出版者著作権管理機構（電話 03-3513-6969，FAX 03-3513-6979, e-mail: info@jcopy.or.jp）の許諾を得てください。